KB118557

24년 출간 교재   25년 출간 교재

			예비 초등			1-2학년			3-4학년				5-6학년				예비중등
쓰기력	국어	한글 바로 쓰기	P1	P2	P3												
			P1~3_활동 모음집														
	국어	맞춤법 바로 쓰기				1A	1B	2A	2B								
어휘력	전 과목	어휘				1A	1B	2A	2B	3A	3B	4A	4B	5A	5B	6A	6B
	전 과목	한자 어휘				1A	1B	2A	2B	3A	3B	4A	4B	5A	5B	6A	6B
	영어	파닉스				1		2									
	영어	영단어								3A	3B	4A	4B	5A	5B	6A	6B
독해력	국어	독해	P1		P2	1A	1B	2A	2B	3A	3B	4A	4B	5A	5B	6A	6B
	한국사	독해 인물편								1~4							
	한국사	독해 시대편								1~4							
계산력	수학	계산				1A	1B	2A	2B	3A	3B	4A	4B	5A	5B	6A	6B	7A	7B
교과서 문해력	전 과목	교과서가 술술 읽히는 서술어				1A	1B	2A	2B	3A	3B	4A	4B	5A	5B	6A	6B
	사회	교과서 독해								3A	3B	4A	4B	5A	5B	6A	6B
	수학	문장제 기본				1A	1B	2A	2B	3A	3B	4A	4B	5A	5B	6A	6B
	수학	문장제 발전				1A	1B	2A	2B	3A	3B	4A	4B	5A	5B	6A	6B
창의·사고력	전 과목	교과서 놀이 활동북	1~8														
	수학	입학 전 수학 놀이 활동북	P1~P10														

* 완자 공부력 신간은 계속해서 출간됩니다.

세상이 변해도
배움의 즐거움은
변함없도록

시대는 빠르게 변해도
배움의 즐거움은
변함없어야 하기에

어제의 비상은
남다른 교재부터
결이 다른 콘텐츠
전에 없던 교육 플랫폼까지

변함없는 혁신으로
교육 문화 환경의 새로운 전형을
실현해왔습니다.

비상은 오늘, 다시 한번
새로운 교육 문화 환경을 실현하기 위한
또 하나의 혁신을 시작합니다.

오늘의 내가 어제의 나를 초월하고
오늘의 교육이 어제의 교육을 초월하여
배움의 즐거움을 지속하는 혁신,

바로, 메타인지 기반 완전 학습을.

상상을 실현하는 교육 문화 기업 비상

메타인지 기반 완전 학습

초월을 뜻하는 meta와 생각을 뜻하는 인지가 결합한 메타인지는
자신이 알고 모르는 것을 스스로 구분하고 학습계획을 세우도록 하는
궁극의 학습 능력입니다. 비상의 메타인지 기반 완전 학습 시스템은
잠들어 있는 메타인지를 깨워 공부를 100% 내 것으로 만들도록 합니다.

속담·관용어 카드

이 책에 나오는 서술어가 쓰인 속담과 관용어예요.
공부한 서술어를 떠올리며 카드를 활용해 보세요.

속담
바늘보다 실이 굵다.

속담
소문은 잘된 일보다 못된 것이 더 빠르다.

속담
손바닥을 뒤집는 것처럼 쉽다.

속담
그 장단 춤추기 어렵다.
(= 어느 장단에 춤추랴.)

속담
콩 가지고 두부 만든대도 곧이 안 듣는다.

속담
비 오는 날 장독 열기.

속담
열 사람이 지켜도 한 도둑놈을 못 막는다.

속담
담을 쌓았다 헐었다 한다.

카드 만들기

① 카드의 앞면에는 속담이나 관용어가 적혀 있고, 뒷면에는 뜻이 적혀 있어요.
속담이나 관용어에 따라 ✿의 개수가 달라요.

② 점선에 따라 카드를 잘라요. 카드를 자를 때는 손을 다치지 않게 조심해요.

관용어

✿✿✿

잔뼈가 굵다.

관용어

✿

얼굴이 두껍다.

관용어

✿

귀가 얇다.

관용어

✿✿

손이 빠르다.

관용어

✿✿

뱃속을 채우다.

관용어

✿✿

갈 길이 멀다.

관용어

✿✿✿

멍석을 펴다.
(= 멍석을 깔다.)

관용어

✿✿

벽을 쌓다.

공부로 이끄는 힘!

완자 공부력

교과서 문해력
교과서가 술술 읽히는 서술어

1B

함께 공부할 친구들

안녕?
우리는 너와 함께
공부할 친구들이야.

안녕? 난 레서판다 '퐁퐁이'야.
매일 딸기우유를 마셨더니 언젠가부터
분홍색 털이 자라기 시작했어!
딸기우유는 정말 맛있어!

서술어, 왜 공부할까?

그런데 너희 서술어가 뭔지 알아?

서술어란 문장에서 '누가/무엇이 어찌하다',
'누가/무엇이 어떠하다', '누가/무엇이 무엇이다', 에서
'어찌하다', '어떠하다', '무엇이다'에 해당하는 낱말이야.

잘 모르겠다고?

'은지가 달린다.'에서 '달린다'
'하늘이 아름답다.'에서 '아름답다'
'은지는 학생이다.'에서 '학생이다'가 서술어야.

서술어는 문장에서 중요한 역할을 하기 때문에
서술어를 이해해야 한 문장의 뜻을 완전하게 이해할 수 있는 것이지.

안녕? 난 쿼카 '동동이'야.
내 취미는 예쁜 나뭇잎을 모으는 거야.
내 주머니 속엔 알록달록
나뭇잎이 가득해.

안녕? 난 꿀벌 '봉봉이'야.
난 날개가 작아서 날지 못할까 봐
늘 걱정했어. 하지만 열심히 연습해서
지금은 빠르게 날 수 있지!

그럼 서술어를 왜 공부해야 할까?
교과서를 이해하는 데 서술어 공부가
왜 도움이 되는 거지?

교과서 읽기에서 서술어가 중요할까요?	→	**YES**	문장으로 읽고 말하는 교과서, **서술어가 문장을 완성해요!**
개념어만 알면 개념을 아는 걸까요?	→	**NO**	'개념어+서술어'로 구성된 개념 문장, **서술어에 따라 개념이 달라져요!**
한 번에 한 과목만 공부해야 할까요?	→	**NO**	공통으로 사용하는 서술어를 기준으로, **여러 과목을 한 번에 공부할 수 있어요!**

이제 서술어를 왜 공부해야 하는지 알겠지?
우리와 함께 공부를 마치면 교과서가 술술 읽힐 거야.
그럼 공부하러 출발~!

교과서가 술술 읽히는 서술어

이런 서술어로 구성했어요.

1A

비교하며 개념을 이해해요!
뜻이 반대인 서술어

▶ ▶ ▶ ▶
▶ ▶ ▶ ▶

많다·적다
크다·작다
모으다·가르다
더하다·빼다
밀다·당기다
길다·짧다
무겁다·가볍다
넓다·좁다
높다·낮다
넣다·꺼내다

자주 틀리는 서술어를
올바르게 이해해요!
헷갈리는 서술어

문장마다 달라지는 쓰임을 이해해요!
뜻이 다양한 서술어

▶ ▶ ▶ ▶

짓다 | 세다 | 쓰다
기울이다 | 담다

활동 의도를 제대로 이해해요!
활동을 안내하는 서술어

▶ ▶ ▶ ▶

알아보다 | 살펴보다
비교하다 | 나타내다
떠올리다

1-2학년군 구성
1A, 1B, 2A, 2B

1B	2A	2B
굵다·가늘다 두껍다·얇다 늘리다·줄이다 빠르다·느리다 굽히다·펴다 가깝다·멀다 주다·받다 쉽다·어렵다 채우다·비우다 켜다·끄다	맞히다·맞추다 짐작하다·어림하다 잊어버리다·잃어버리다 붙이다·부치다 매다·메다	집다·짚다 다르다·틀리다 가리키다·가르치다 존중하다·존경하다 발견하다·발명하다
가지다 | 열다 묶다 | 지키다 쌓다	잡다 | 바르다 | 나누다 익히다 | 남다 | 일어나다 걸리다 | 맡다 이루어지다 | 기르다	풀리다 | 벌어지다 얻다 | 세우다 | 펼치다 깊다 | 드러나다 고르다 | 넘다 | 옮기다
표현하다 | 소개하다 발표하다 | 완성하다 실천하다	계획하다 | 정리하다 감상하다 | 분류하다 조사하다	정하다 | 확인하다 설명하다 | 의논하다 관찰하다

이렇게 활용해요

준비 하기

코딩을 응용한 활동과 공부할 낱말을 살펴보며
스스로 공부할 준비를 할 수 있어요.

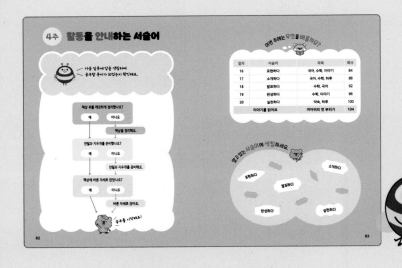

일차 학습

하루 4쪽으로 교과서 낱말을
놀이하듯 재미있게 학습을 할 수 있어요.

그림과 함께
낱말의 뜻 이해하기

만화를 보며 자연스럽게
낱말 알아보기

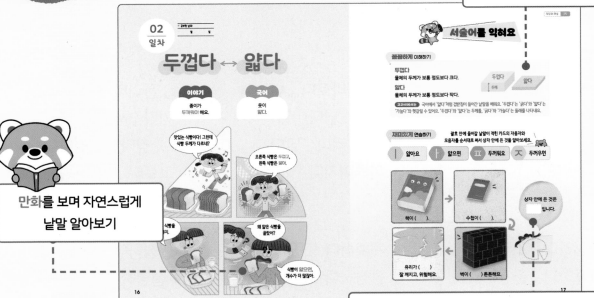

퍼즐, 선택하기, 선 잇기, 고르기 등의
놀이로 재미있게 낱말 연습하기

복습 하기

공부한 낱말을 **독해로 복습**하며 낱말의 이해를 넓혀요.
낱말을 종합한 문제를 풀며 **실력을 확인**해요.

한 주 동안 공부한
낱말이 쓰인 이야기 글을 읽고,
문제를 풀며 이해를 넓혀요.

한 권에서 공부한 낱말과 관련한
문제를 풀며 실력을 확인해요.

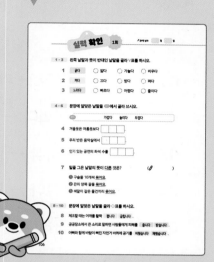

국어 **수학** **바슬즐** 교과서 문장에서
낱말의 쓰임 이해하기

다양한 유형의 문제를 풀며
실력을 다지고, 수업에
활용할 수 있는 예문 연습하기

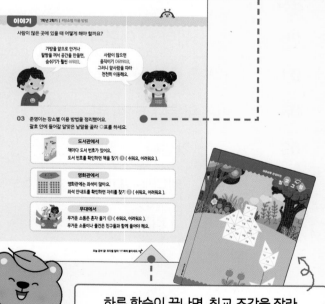

하루 학습이 끝나면, 칠교 조각을 잘라
칠교 그림판에 붙여 진도 확인하기

무엇을 공부할까요

공부 시작! 차근차근 공부하자.

2주에는 어떤 새로운 서술어를 배울까?

다음 내용에 따라 화살표에 색칠하며
공부할 준비가 되었는지 확인해요.

· 책상 주변이 깨끗하면 → 오른쪽으로 세 칸 이동

· 의자에 바른 자세로 앉았으면 → 아래로 두 칸 이동

· 연필과 지우개가 옆에 있으면 → 왼쪽으로 두 칸 이동

· 스마트폰을 책상에서 멀리에 두었으면 → 아래로 한 칸 이동

출발

도착

공부를 시작해요!

이번 주에는 무엇을 배울까요?

알고 있는 서술어에 색칠하세요.

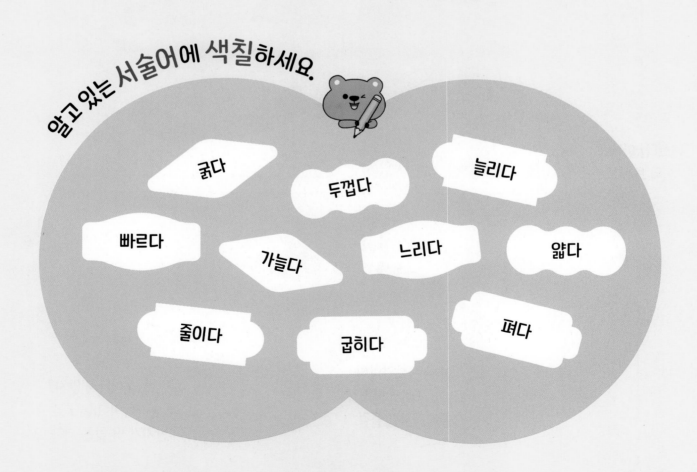

굵다 ↔ 가늘다

국어

나무가
굵다.

상상

몸통이
가늘어요.

떨어진 꽃으로 반지를 만들어 줄게.

우아, 신난다! 반지를 새끼손가락에 끼울래요.

예쁘다! 아빠도 끼워 보세요.

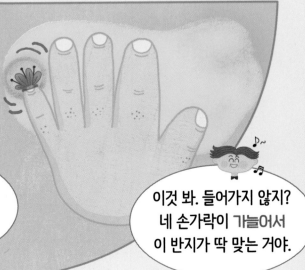

예뻐라~

아빠는 손가락이 굵어. 그래서 반지가 들어가지 않을걸.

이것 봐. 들어가지 않지? 네 손가락이 가늘어서 이 반지가 딱 맞는 거야.

서술어를 익혀요

꼼꼼하게 이해하기

굵다
물체의 둘레가 크다.

가늘다
물체의 둘레가 작다.

굵다

가늘다

둘레

교과서에서는 국어에서 '굵다'처럼 겹받침이 들어간 낱말을 배워요. 겹받침은 자음자 두 개가 겹쳐져서 이루어진 받침이에요. '넓다', '끓다', '없다' 등도 겹받침이 들어간 낱말이에요.

재미있게 연습하기   빈칸에 들어갈 알맞은 낱말이 적힌 블록을 골라 번호를 쓰세요.

① 굵어요.

② 가늘어요.

실이

밧줄이

선이

선이

교과서를 이해해요

교과서에서 '굵다'와 '가늘다'가 어떻게 쓰이는지 살펴보고, 문제를 풀어 보세요.

국어 1학년 2학기 | #받침이 있는 낱말 #겹받침

그림에 알맞은 문장을 따라 읽어 봅시다.

날이 밝다.

나뭇잎이 붉다.

하늘이 맑다.

나무가 굵다.

01 빈칸에 들어갈 알맞은 낱말을 골라 선으로 이으세요.

면발이 _____. •

나무 밑동이 _____. •

• 굵어요

• 가늘어요

02 빈칸에 똑같이 들어갈 알맞은 받침을 골라 색칠하세요.

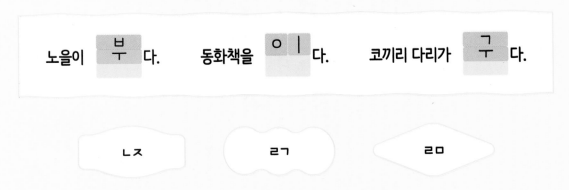

노을이 부다.   동화책을 이다.   코끼리 다리가 구다.

ㄴㅈ   ㄹㄱ   ㄹㅁ

상상 1학년 2학기 | #생각 세 고개

우리가 본 것(바늘)을 생각 세 고개로 나타내 봅시다.

첫 번째 고개!
처음 보면 옷이
생각나요.

두 번째 고개!
딱딱하고 몸통이
가늘어요.

세 번째 고개!
끝 모양을 몸으로
표현해 볼게요.

03 해민이는 자신이 본 물건을 글로 표현했어요.
다음 내용을 보고, 알맞은 물건을 골라 선으로 이으세요.

이것은 몸통이 굵고,
목 부분이 가늘어요. •

이것은 손잡이가 가늘고,
위로 갈수록 굵어져요. •

이것은 위와 아래 부분이 굵고,
가운데만 가늘어요. •

두껍다 ←→ 얇다

이야기

종이가
두꺼워야 해요.

국어

옷이
얇다.

맛있는 식빵이다! 그런데
식빵 두께가 다르네?

오른쪽 식빵은 두껍고,
왼쪽 식빵은 얇아.

나는 얇은 식빵을
골라야지.

왜 얇은 식빵을
골랐어?

식빵이 얇으면,
개수가 더 많잖아.

서술어를 익혀요

꼼꼼하게 이해하기

두껍다
물체의 두께가 보통 정도보다 크다.

얇다
물체의 두께가 보통 정도보다 작다.

교과서에서는 국어에서 '얇다'처럼 겹받침이 들어간 낱말을 배워요. '두껍다'는 '굵다'와 '얇다'는 '가늘다'와 헷갈릴 수 있어요. '두껍다'와 '얇다'는 두께를, '굵다'와 '가늘다'는 둘레를 나타내요.

재미있게 연습하기

괄호 안에 들어갈 낱말이 적힌 카드의 자음자와 모음자를 순서대로 써서 상자 안에 든 것을 알아보세요.

| ㅣ 얇아요 | ㅏ 얇으면 | ㅍ 두꺼워요 | ㅈ 두꺼우면 |

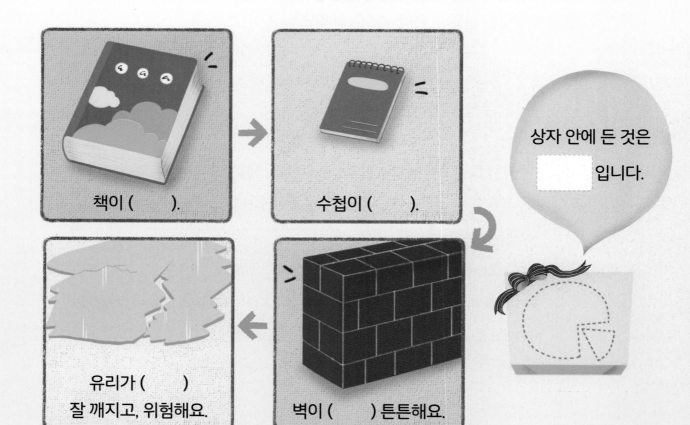

책이 (   ).

수첩이 (   ).

상자 안에 든 것은 ☐ 입니다.

유리가 (   ) 잘 깨지고, 위험해요.

벽이 (   ) 튼튼해요.

교과서를 🐻 이해해요

🐻 교과서에서 '두껍다'와 '얇다'가 어떻게 쓰이는지 살펴보고, 문제를 풀어 보세요.

이야기 1학년 2학기 | #인형극 #무대 만들기

친구들과 함께 종이로 인형극 무대를 꾸며 볼까요?

무대를 만들 종이가 두꺼워야 해요.
종이가 얇으면 무대가 쓰러질 수 있어요.

---

01 민지가 인형극에서 쓸 종이 인형을 만들려고 해요.
문장에 알맞은 낱말을 골라 V표를 하세요.

준비물: 종이 상자, 색종이, 수수깡

사용하지 않는 종이 상자에 밑그림을 그리고, 색종이를 붙여서 꾸며요.

색종이가 ❶ ☐ 얇으면 ☐ 두꺼우면 종이 상자의 글씨가 비칠 수 있어요.

이때는 흰색 종이를 색종이 뒤에 붙여요.

다음으로, 종이 상자에 그린 밑그림 모양대로 오려요.

종이 상자가 ❷ ☐ 얇으면 ☐ 두꺼우면 오리기 어려울 수 있으니 조심해요.

마지막으로, 오려 낸 그림을 수수깡에 붙여요.

국어 1학년 2학기 | #받침이 있는 낱말 #겹받침

그림에 알맞은 문장을 따라 읽어 봅시다.

들판이 넓다.

색이 옅다.

옷이 얇다.

잔디를 밟다.

02 다음 그림을 보고, 문장에 알맞은 낱말을 골라 ○표를 하세요.

① 양파 껍질이 | 얇아요 | 두꺼워요 |.

② 오렌지 껍질이 | 얇아요 | 두꺼워요 |.

03 빈칸에 들어갈 알맞은 받침을 쓰세요.

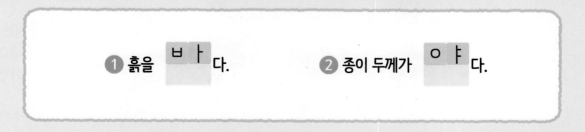

① 흙을 ㅂㅏ 다.

② 종이 두께가 ㅇㅑ 다.

늘리다 ↔ 줄이다

이야기

기차 칸을
늘려요.

약속

페트병 사용을
줄여요.

쿠키를
만들어 볼까?

신난다!
내가 좋아하는 우유와
초콜릿 양을 늘리면
더 맛있겠지?

재료의 양을
늘렸더니 쿠키가
너무 많은걸.

이번 주에는
다른 간식은 줄이고,
쿠키만 먹어야겠어.

서술어를 익혀요

꼼꼼하게 이해하기

늘리다
개수나 분량을 원래보다 많아지게 하거나
무게를 더 나가게 하다.

줄이다
개수나 분량을 원래보다 적어지게 하거나
무게를 덜 나가게 하다.

교과서에서는 물건의 개수를 원래보다 많아지게 하거나 적어지게 하는 표현을 할 때와 무게를 더 나가게 하거나 덜 나가게 하는 표현을 할 때 쓰여요.

재미있게 연습하기

그림을 보고, 문장에 알맞은 낱말을 골라 색칠하세요.

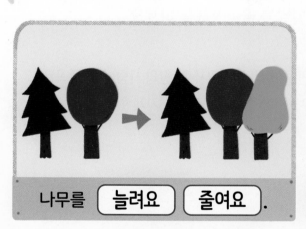

나무를 | 늘려요 | 줄여요 | .

버터를 | 늘려요 | 줄여요 | .

쓰레기를 | 늘려요 | 줄여요 | .

반찬을 | 늘려요 | 줄여요 | .

교과서를 이해해요

교과서에서 '늘리다'와 '줄이다'가 어떻게 쓰이는지 살펴보고, 문제를 풀어 보세요.

이야기   1학년 2학기 | #기차놀이 #인형극 만들기

친구들과 줄을 맞춰 걸으며 놀아 볼까요?

홀라후프로 기차를 만들어요.

홀라후프를 겹쳐서 기차 칸을 늘려요.

---

01 밑줄 그은 내용과 바꾸어 쓸 수 있는 낱말을 골라 V표를 하세요.

> 우리 모둠은 친구들과 줄로 기차를 만들어 걷다가, 기차 칸 안의 사람 수를 다르게 했어요. 우리는 기차 칸 안에 있는 친구들의 수를 원래보다 적어지게 했어요.

☐ 늘렸어요   ☐ 줄였어요

02 밑줄 그은 낱말의 쓰임이 알맞지 않은 것을 골라 ○표를 하세요.

등장인물을 1명에서 3명으로 늘려요.

주인공의 대사를 2줄에서 4줄로 줄여요.

인형극을 5분 더 해야 하니, 장면을 늘려요.

약속 | 1학년 2학기 | #일회용품 사용 줄이기 #환경 지키기

일회용품 대신 쓸 수 있는 물건을 생각해 볼까요?

개인 물병을 써서
페트병 사용을 줄여요.

개인용 그릇을 써서
일회용 그릇 사용을 줄여요.

03 지민이는 친구들과 환경을 지키기 위한 약속을 정했어요.
다음 문장을 보고, 알맞은 낱말을 골라 색칠하세요.

 배달 음식을 먹으면 쓰레기가 많이 나와요.

음식을 배달하는 횟수를 **①** | 늘려요 | 줄여요 |.

 급식을 받을 때, 음식을 먹을 수 있는 만큼만 받으면

음식물 쓰레기를 **②** | 늘릴 | 줄일 | 수 있어요.

 여러 번 사용할 수 있는 물건 사용을 **③** | 늘려서 | 줄여서 |

일회용품 사용을 **④** | 늘려요 | 줄여요 |.

오늘 공부 끝! 조각을 잘라 111쪽에 붙이세요. ✂

빠르다 ↔ 느리다

약속

킥보드가
빨라져요.

상상

나무늘보는 움직임이
느려요.

서술어를 익혀요

꼼꼼하게 이해하기

빠르다
어떤 동작을 하는 데 걸리는 시간이 짧다.

빠르다

느리다
어떤 동작을 하는 데 걸리는 시간이 길다.

느리다

교과서에서는 어떤 동작을 하는 데 걸리는 시간의 정도를 표현할 때 쓰여요.

재미있게 연습하기

길을 따라 내려가며 만나는 낱말을
활용해 문장을 완성하세요.

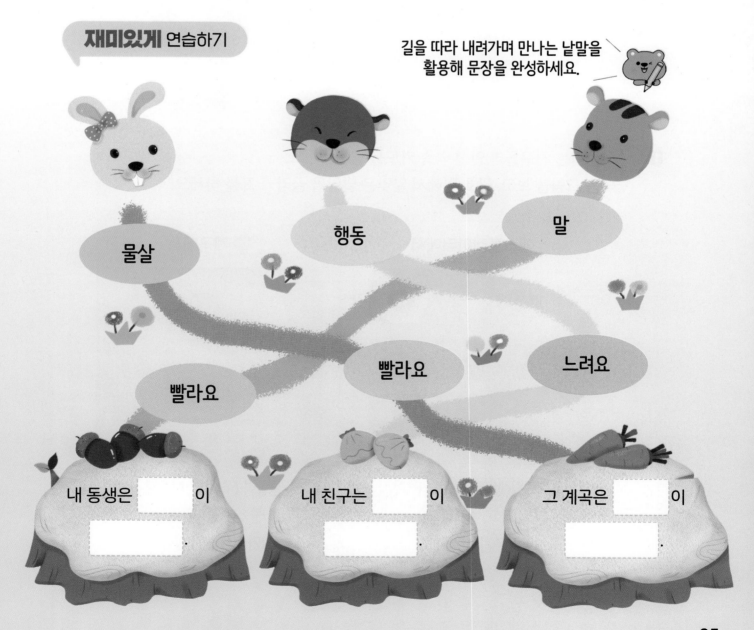

물살　　　행동　　　말

빨라요　　　빨라요　　　느려요

내 동생은 [　　] 이
[　　] .

내 친구는 [　　] 이
[　　] .

그 계곡은 [　　] 이
[　　] .

교과서를 🐻 이해해요

🐻 교과서에서 '빠르다'와 '느리다'가 어떻게 쓰이는지 살펴보고, 문제를 풀어 보세요.

약속 | 1학년 2학기 | #킥보드 타기 #안전

안전 수칙을 지키며 킥보드를 타 볼까요?

> 내리막길에서는 킥보드가 **빨라져요**.
> 내리막길을 만나면,
> 킥보드에서 내려서 걸어가요.

01 하준이는 친구들과 안전 약속 카드를 만들었어요.
다음 그림을 보고, 괄호 안에서 알맞은 낱말을 골라 ○표를 하세요.

① 에스컬레이터에서

에스컬레이터의 속도가
(느리다고, 빠르다고)
뛰어 내려가지 않아요.

② 계곡에서

물살이 (느리면, 빠르면)
물속에 들어가거나
물가에서 놀지 않아요.

상상 | 1학년 2학기 | #동물 달리기 #따라 하기

동물의 움직임을 상상하며 놀아 볼까요?

토끼는 달리기가 빨라요. 뛸 때는 앞발과 뒷발을 넓게 벌려요.

나무늘보는 움직임이 느려요. 걸을 때는 발을 느릿느릿하게 옮겨요.

02 빈칸에 들어갈 알맞은 낱말을 보기 에서 골라 쓰세요.

보기

느려져요
빨라져요

❶ 풍경을 보며 천천히 걷다보면 걸음이 ⬚.

❷ 팔을 좌우로 힘차게 흔들면 달리기가 ⬚.

03 다음 내용에서 소개하는 친구를 표에서 찾아 이름에 ○표를 하세요.

내 친구는 걸음은 가장 느리지만, 달리기는 가장 빨라요.

이름	운동장을 한 바퀴 걷는 데 걸린 시간	운동장을 한 바퀴 달리는 데 걸린 시간
아영	13분	11분
지훈	12분	10분
해준	15분	8분

오늘 공부 끝! 조각을 잘라 111쪽에 붙이세요. ✂

굽히다 ←→ 펴다

하루	국어
무릎을 굽혀요.	허리를 펴요.

서술어를 익혀요

꼼꼼하게 이해하기

굽히다
한쪽으로 휘게 하다.

펴다
굽은 것을 곧게 하다.

굽히다   펴다

교과서에서는 주로 신체 활동을 할 때 특정 동작을 표현하거나 바른 자세의 모습을 설명할 때 쓰여요.

재미있게 연습하기

그림을 보고, 괄호 안에 들어갈 알맞은 낱말을 골라 길을 찾으세요.

도착

펴다

굽히다

펴다

손가락을 (   ).

무릎을 (   ).

굽히다

펴다

굽히다

몸을 (   ).

출발!

굽히다

펴다

펴다

팔을 (   ).

교과서를 이해해요

 교과서에서 '굽히다'와 '펴다'가 어떻게 쓰이는지 살펴보고, 문제를 풀어 보세요.

하루 1학년 2학기 | #애벌레 놀이

친구들과 협력하여 애벌레처럼 이동해 볼까요?

> 뒤에 있는 친구의 발목을 잡고
> 무릎을 펴요.

> 무릎을 굽히면서 엉덩이를
> 앞으로 당겨 나아가요.

01 밑줄 그은 내용과 바꾸어 쓸 수 있는 낱말을 쓰세요.

준비 운동을 할 때는 자리에 앉아 다리를 <u>곧게 해요</u>.

02 다음 내용에 알맞은 동작을 골라 V표를 하세요.

> 두 다리를 모두 펴요.
> 한쪽 팔은 굽히고,
> 다른 쪽 팔은 위로 펴요.

☐ 　☐

국어 1학년 2학기 | #발표하기 #바른 자세

바른 자세로 발표하는 방법을 알아봅시다.

알맞은 크기의 목소리로
또박또박 말해요.

허리를 펴고
바르게 서서 말해요.

03 현준이는 올바른 자세를 조사했어요.
다음 그림을 보고, 문장에 알맞은 낱말을 골라 색칠하세요.

①

②

❶ 웃어른을 만나면 허리를 | 펴고 | 굽히고 | 공손하게 인사해요.

❷ 걸을 때는 허리와 어깨를 바르게 | 펴고 | 굽히고 | 팔은 자연스럽게

| 펴요 | 굽혀요 | .

이야기를 읽어요

 아래 낱말을 찾아 색칠하세요.

가늘다   굵다   빠르다

늘리다   굽히다

1 　숲속에 엄마 염소와 아기 염소들이 살았어요. 엄마 염소가 시장에 가자, 늑대가 엄마 염소인 척하며 문을 열어 달라고 했어요. 첫째 염소가 늑대 발을 보고 말했어요. "엄마는 발목이 하얗고 가는데, 저 발목은 까맣고 굵어. 저것은 늑대야."

2 　늑대가 발을 엄마 염소처럼 분장하고 나타나자, 아기 염소들은 늑대에게 문을 열어 주었어요. 집에 들어온 늑대는 아기 염소들을 잡아먹기 시작했어요. 막내 염소는 달리기가 빨라서 도망갔어요. 그리고 엄마에게 소식을 전했지요.

3 　엄마 염소는 자고 있는 늑대를 찾았어요. 그리고 늑대의 배를 갈라 아기 염소들을 꺼내고, 대신에 돌을 넣어 무게를 늘렸어요. 잠에서 깬 늑대가 물을 마시러 우물로 가서 몸을 굽혔어요. 그 순간 돌의 무게 때문에 늑대는 우물에 빠졌어요.

　낱말의 첫 자음자를 보고, 빈칸에 들어갈 알맞은 낱말을 쓰세요.

발목이 ㄱ ☐ ☐ .

달리기가 ㅃ ☐ ☐ ☐

이야기를 이해해요

01

이 글에서 일이 일어난 순서대로 빈칸에 번호를 쓰세요.

☐ 늑대가 자기 발을 엄마 염소처럼 분장했어요.

☐ 엄마 염소가 늑대의 배를 갈라 아기 염소들을 꺼냈어요.

☐ 첫째 염소가 늑대의 발을 보고 엄마 염소가 아닌 것을 알았어요.

02

엄마 염소의 발목을 표현한 것으로 알맞은 것을 골라 ○표를 하세요.

03

이 글의 내용으로 알맞은 것은 무엇인가요?

(✐   )

❶ 늑대는 물을 마시러 우물 쪽으로 몸을 굽혔어요.

❷ 첫째 염소는 달리기가 빨라서 늑대에게 잡히지 않았어요.

❸ 엄마 염소는 늑대의 배 속에 돌을 넣어서 무게를 적게 나가게 했어요.

자신 있게 사용할 수 있는 서술어에 색칠하세요.

| 굵다 | 두껍다 | 늘리다 | 빠르다 | 굽히다 |

| 가늘다 | 얇다 | 줄이다 | 느리다 | 펴다 |

2주 뜻이 반대인 서술어 ②

다음 내용에 따라 도형에 색칠하며
공부할 준비가 되었는지 확인해요.

- 바른 자세로 앉았으면 → ✿ 모양에 모두 색칠하세요.
- 주변을 깨끗하게 했으면 → ♡ 모양에 모두 색칠하세요.
- 스마트폰을 멀리에 두었으면 → ☆ 모양에 모두 색칠하세요.
- 연필과 지우개를 준비했으면 → ⛉ 모양에 모두 색칠하세요.

공부 준비 패턴 만들기

공부 준비 패턴 완성

공부를 시작해요!

이번 주에는 무엇을 배울까요?

알고 있는 서술어에 색칠하세요.

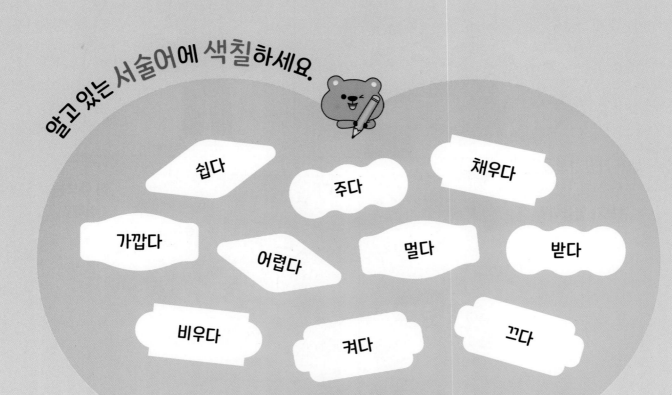

쉽다　　주다　　채우다

가깝다　　어렵다　　멀다　　받다

비우다　　켜다　　끄다

쉽다 ↔ 어렵다

국어

모습을 상상하기가
쉬워요.

이야기

움직이기
어려워요.

우아! 큐브를
잘 맞춘다.

이 정도는 쉽지.

내가 가진 큐브들은
모두 쉬워. 새로운
큐브가 없을까?

다음 날

두둥!!

이 큐브는
어때?

그건 맞추기
어렵겠는데!

서술어를 익혀요

꼼꼼하게 이해하기

쉽다
무엇을 하는 데 까다롭거나 힘들지 않다.
어렵다
무엇을 하는 데 까다롭고 힘들다.

쉽다   어렵다

교과서에서는 문제나 내용의 이해 정도를 표현할 때나 어떤 일을 하는 데 느끼는 힘의 정도를 표현할 때 쓰여요.

재미있게 연습하기

괄호 안에 들어갈 알맞은 낱말이 적힌 열쇠의 번호를 쓰세요.

공부를 열심히 해서 문제가 (   ).

① 쉬워요

모르는 낱말이 많아서 책의 내용이 (   ).

지도가 자세하지 않아서 길을 찾기가 (   ).

연습을 많이 해서 자전거 타기가 (   ).

② 어려워요

교과서를 이해해요

 교과서에서 '쉽다'와 '어렵다'가 어떻게 쓰이는지 살펴보고, 문제를 풀어 보세요.

국어 | 1학년 2학기 | #흉내 내는 말 #생각 표현

흉내 내는 말을 사용하면 좋은 점을 이야기해 봅시다.

꽃이 활짝 피었어요.

'활짝'이라는 말을 넣으니
꽃의 모습을 상상하기가 쉬워요.

---

01 밑줄 그은 내용과 바꾸어 쓸 수 있는 낱말을 골라 색칠하세요.

> 내 생각을 글과 함께 그림으로 나타내면,
> 다른 사람에게 내 생각을 전하기가 <u>까다롭거나 힘들지 않아요.</u>

쉬워요   어려워요

02 다음 질문에 알맞은 대답을 선으로 이으세요.

친구가 자기만 알고 있는 낱말을 사용해 말하면 어떨까요?

·

·   ·

친구의 말을 이해하기 쉬워요.   친구의 말을 이해하기 어려워요.

이야기 1학년 2학기 | #장소별 이용 방법

사람이 많은 곳에 있을 때 어떻게 해야 할까요?

> 가방을 앞으로 안거나
> 팔짱을 껴서 공간을 만들면,
> 숨쉬기가 훨씬 쉬워요.

> 사람이 많으면
> 움직이기 어려워요.
> 그러니 앞사람을 따라
> 천천히 이동해요.

03 준영이는 장소별 이용 방법을 정리했어요.
괄호 안에 들어갈 알맞은 낱말을 골라 ○표를 하세요.

도서관에서

책마다 도서 번호가 있어요.
도서 번호를 확인하면 책을 찾기 **①** (쉬워요, 어려워요).

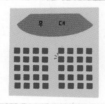

영화관에서

영화관에는 좌석이 많아요.
좌석 안내도를 확인하면 자리를 찾기 **②** (쉬워요, 어려워요).

무대에서

무거운 소품은 혼자 들기 **③** (쉬워요, 어려워요).
무거운 소품이나 물건은 친구들과 함께 들어야 해요.

주다 ← → 받다

국어

친구에게 피해를
주었어요.

상상

상처를
받았어요.

구름아,
네 동생
초롱이야.

초롱이만
귀여움을 받아서
속상해.

웃하하!
하하

폴짝

구름이가
슬퍼 보여요.

우리가 초롱이만
귀여워한다고
생각하나 봐.

구름이, 초롱이
모두에게 사랑을
줄게.

왈 왈

서술어를 익혀요

꼼꼼하게 이해하기

주다
다른 사람에게 어떤 일을 겪게 하거나 감정을 느끼게 하다.
받다
다른 사람이 하는 행동이나 감정을 당하다.

주다   받다

교과서에서는 눈에 보이는 물건뿐만 아니라 눈에 보이지 않는 어떤 일이나 감정을 주고받을 수 있어요. '칭찬', '사랑'처럼 긍정적인 것일 수도 있고, '피해', '고통'처럼 부정적인 것일 수도 있어요.

재미있게 연습하기

사다리를 타고 내려가 만나는 낱말을 빈칸에 쓰고, 완성된 문장을 읽어 보세요.

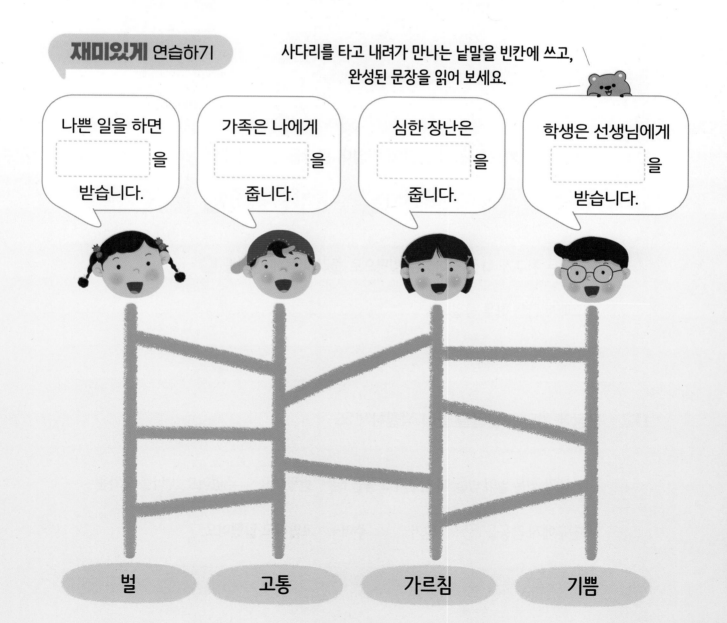

나쁜 일을 하면 ☐을 받습니다.

가족은 나에게 ☐을 줍니다.

심한 장난은 ☐을 줍니다.

학생은 선생님에게 ☐을 받습니다.

벌   고통   가르침   기쁨

41

교과서를 🐻 이해해요

🦊 교과서에서 '주다'와 '받다'가 어떻게 쓰이는지 살펴보고, 문제를 풀어 보세요.

국어 1학년 2학기 | #역할극 #기분 말하기

역할극 상황을 정해요.

실수로 친구에게 피해를 주었어요.

---

01 알맞은 낱말 카드를 골라 빈칸에 써넣어 문장을 완성하세요.

| 받았다 | 주었다 | 기뻤다 | 속상했다 |

나는 친구가 나를 싫어하는 별명으로 불러 마음에 상처를 ❶ [   ].

그래서 나는 하루 종일 ❷ [   ].

---

02 문장에 알맞은 낱말을 골라 색칠하세요.

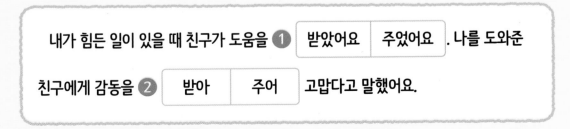

내가 힘든 일이 있을 때 친구가 도움을 ❶ [받았어요 / 주었어요]. 나를 도와준

친구에게 감동을 ❷ [받아 / 주어] 고맙다고 말했어요.

상상 1학년 2학기 | #말하기 예절 #인터넷 예절

말이나 글로 상처를 **주거나 받은** 경험이 있나요?

장난으로 친구를 놀리는 말을 해서 친구에게 상처를 **주었어요.**

스마트폰 단체 대화방에서 나쁜 글을 보고 상처를 **받았어요.**

03 예솔이는 인터넷 사용 예절과 관련한 광고를 보았어요.
도움말에 따라 알맞은 낱말에 표시하세요.

> **도움말**
>
> '다른 사람에게 어떤 일을 겪게 하거나 감정을 느끼게 하다.'라는 뜻으로 쓰인 낱말을 모두 골라 ○표를 하세요.

인터넷에서 지켜야 할 예절 '네티켓'

· 욕설이나 나쁜 말을 적은 댓글은 다른 사람에게 상처를 <u>줍니다</u>.

· 그림 문자를 잘못 사용하면 상대방에게 오해를 <u>받을</u> 수 있습니다.

· 개인 정보나 사진을 마음대로 공개하면 사람들에게 고통을 <u>줍니다</u>.

채우다 ← → 비우다

수학

빈칸을
채워요.

약속

내용물을
비워요.

칭찬 판을 스티커로
채웠어. 크리스마스에
선물을 받을 수 있겠지?

산타 할아버지가
선물을 넣을 수 있게
상자를 비워야지.

착한 어린이니
선물로 상자를
가득 채워야겠군.

서술어를 익혀요

꼼꼼하게 이해하기

채우다
일정한 곳에 사람, 물건 등을 가득하게 하다.
비우다
일정한 곳에 사람, 물건 등을 들어 있지 않게 하다.

채우다   비우다

교과서에서는 '채우다'는 수학에서 반복하는 규칙의 빈 곳에 알맞은 모양이나 숫자를 넣는 활동을 할 때 자주 쓰여요.

재미있게 연습하기

괄호 안에 들어갈 알맞은 낱말을 골라 길을 찾으세요.

출발

채우다

비우다

서랍에 옷을 (   ).

휴지통을 (   ).

채우다

비우다

채우다   비우다   좌석의 빈자리를 (   ).   비우다

그릇을 깨끗이 (   ).

도착

채우다

45

교과서를 이해해요

교과서에서 '채우다'와 '비우다'가 어떻게 쓰이는지 살펴보고, 문제를 풀어 보세요.

규칙을 찾아 빈칸을 **채우고** 규칙을 말해 봅시다.

빈칸을 ⭐ 모양으로 **채워요**.

⭐ 모양과 ⭐ 모양이 반복돼요.

---

01 빈칸에 들어갈 알맞은 모양과 낱말을 골라 ○표를 하세요.

연필과 지우개가 반복되는 규칙에 따라

빈칸을 ❶ (✏️ , ▱) 모양으로 ❷ (채워요, 비워요).

02 다음 설명에 알맞은 규칙을 골라 V표를 하세요.

숫자가 2씩 커지도록

빈칸을 채웠어요.

☐   1   3   4   7   9

☐   1   3   5   7   9

약속 1학년 2학기 | #분리배출 #에너지 절약

나무를 지키는 방법을 찾고 실천해 볼까요?

우유갑을 알맞은 방법으로 버려요. 먼저 우유갑의 내용물을 비워요.
그리고 깨끗하게 씻어서 펼쳐요. 우유갑이 마르면 모아서 버려요.

03 지호는 물과 에너지를 절약하는 방법을 실천했어요.
다음 문장에 알맞은 낱말을 골라 색칠하세요.

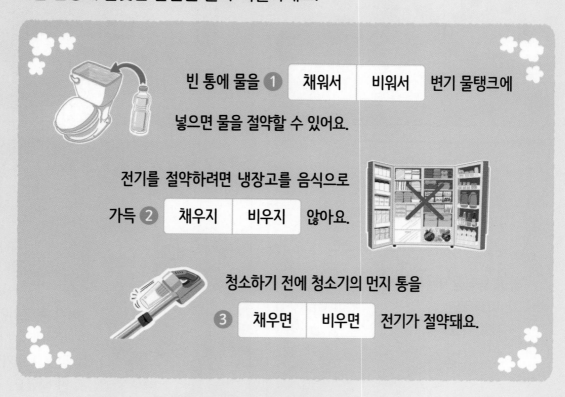

빈 통에 물을 **1** 채워서 │ 비워서 변기 물탱크에

넣으면 물을 절약할 수 있어요.

전기를 절약하려면 냉장고를 음식으로

가득 **2** 채우지 │ 비우지 않아요.

청소하기 전에 청소기의 먼지 통을

3 채우면 │ 비우면 전기가 절약돼요.

가깝다 ↔ 멀다

이야기	약속
볼링 핀이 출발선과 가까워요.	원에서 콩 주머니가 멀어요.

배가 고프지?
식당을 찾아보자.

안내도

'행복 음식점'이
어떨까?

거긴 여기에서
멀어요.

'콩콩 음식점'이
더 가까워요.
여기로 가요!

여긴 콩 요리만
있네요.
다른 곳으로 가면
안 될까요?

서술어를 익혀요

꼼꼼하게 이해하기

가깝다
어느 한 곳에서 다른 곳까지의 거리가 짧다.
멀다
어느 한 곳에서 다른 곳까지의 거리가 길다.

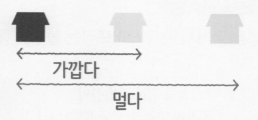

> **교과서에서는** 거리의 정도를 나타낼 때 쓰여요. 특히 나를 기준으로 사람이나 물건, 장소 등의 거리를 표현할 때 자주 쓰여요.

재미있게 연습하기

그림을 보고, 괄호 안에서 알맞은 낱말을 골라 ○표를 하세요.

내가 있는 곳에서 **1**번 집은 (멀어요, 가까워요).
내가 있는 곳에서 **3**번 집이 가장 (멀어요, 가까워요).
1번 집에서 가기에는 **2**번 집이 **3**번 집보다 (멀어요, 가까워요).

교과서를 이해해요

 교과서에서 '가깝다'와 '멀다'가 어떻게 쓰이는지 살펴보고, 문제를 풀어 보세요.

이야기 1학년 2학기 | #볼링 #인형극 공연

공을 굴려서 핀을 쓰러뜨리는 놀이를 해 볼까요?

볼링 핀과 출발선의 거리에 따라 힘을 조절해요. 볼링 핀이 출발선과 가까우면 공을 약하게 굴려요.

01 괄호 안에서 알맞은 낱말을 골라 ○표를 하세요.

공을 전달할 때, 친구와 너무 (멀면, 가까우면) 부딪칠 수 있어요.

02 다음 그림을 보고, 알맞은 낱말을 골라 색칠하세요.

모둠에서 만든 인형극을 학교와 가까운 장소에서 공연하려고 해요. 학교에서 도서관은 ① 멀고 가깝고, 공원은 ② 멀어요 가까워요. 따라서 모둠에서 인형극을 공연할 장소는 ③ 공원 도서관 이에요.

50

약속 1학년 2학기 | #던지기 놀이 #놀이 규칙

콩 주머니를 던지며 놀아 볼까요?

> 원에서 콩 주머니가 가까워서
> 집을 수 있어요.

> 원에서 콩 주머니가 멀어서
> 집을 수 없어요.

---

03 서윤이와 친구들은 신발 던지기 놀이를 했어요.
다음 놀이 규칙을 보고, 빈칸에 알맞은 점수를 쓰세요.

> 노란색 원과 가장 가까우면 3점이고, 노란색 원과 가장 멀면 1점이에요.
> 노란색 원과 가장 가깝지도, 가장 멀지도 않으면 2점이에요.

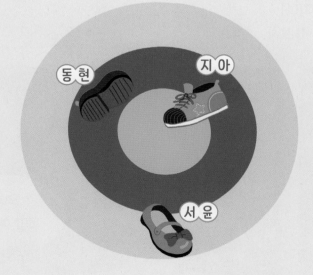

이름	점수
동현	
서윤	
지아	

켜다 ←→ 끄다

약속

에어컨을
켰어요.

하루

형광등을
꺼요.

이건 별 모양이
나오는 전등이야.

멋지다!
빨리 켜 보자.

별 모양이
잘 보이지 않아.

너무 밝아서 그래.
형광등을 끄고,
전등을 켜자.

아하!

반짝! 반짝!
반짝! 반짝!

우아!
정말 예쁘다.

서술어를 익혀요

꼼꼼하게 이해하기

켜다
전기 제품을 작동하게 만들다.
끄다
전기 제품을 작동하지 않게 하다.

교과서에서는 전기 제품의 작동과 관련한 내용을 표현할 때 자주 쓰여요.

켜다   끄다

재미있게 연습하기

그림을 보고, 문장에 알맞은 낱말을 골라 색칠하세요.

텔레비전을 | 켰어요 | 껐어요 | .

드라이기를 | 켰어요 | 껐어요 | .

컴퓨터를 | 켰어요 | 껐어요 | .

선풍기를
켰어요 | 껐어요 | .

교과서를 이해해요

 교과서에서 '켜다'와 '끄다'가 어떻게 쓰이는지 살펴보고, 문제를 풀어 보세요.

약속 | 1학년 2학기 | #환경 #에너지 절약

에너지가 낭비되는 상황을 말해 볼까요?

> 창문을 열어 놓은 채로
> 에어컨을 켰어요.

> 아무도 없는 방에
> 형광등을 켜 놨어요.

01 윤서는 친구들과 학교에서 실천할 수 있는 에너지 절약 약속을 정했어요.
빈칸에 들어갈 알맞은 낱말을 선으로 이으세요.

교실을 비울 때는
형광등을 ____ .
•

교실의 텔레비전은
필요할 때만 ____ .
•

• **켭니다**

여름에는 창문을 닫고
에어컨을 ____ .
•

컴퓨터실에서 사용하지 않는
컴퓨터는 전원을 ____ .
•

• **끕니다**

하루 | 1학년 2학기 | #깊은 잠 #가정 안전

깊은 잠을 자려면 이렇게 해요.

잠자리가 밝으면 잠이 잘 오지 않아요.
그러니 형광등을 <u>끄고</u> 잠자리에 들어요.

02 문장에 알맞은 낱말을 골라 V표를 하세요.

> 잠을 자기 전에 형광등을 ❶ ☐ 꺼서 ☐ 켜서 방을 어둡게 만들어요.
> 너무 어두워 잠이 오지 않으면, 은은한 색의 조명을 ❷ ☐ 꺼요 ☐ 켜요 .

03 빈칸에 똑같이 들어갈 수 있는 낱말을 골라 색칠하세요.

> 전기 제품이 작동 중일 때 플러그를 뽑으면 위험해요. 따라서 전기 제품의 전원을
> ☐ 플러그를 뽑아요. 외출할 때는 전기 주전자, 전기장판과 같이 열을 내는
> 전기 제품을 ☐ 나가요.

끄고   켜고

 아래 낱말을 찾아 색칠하세요.

| 주다 | 가깝다 | 멀다 |
| 어렵다 | 채우다 | 받다 |

1 옛날에 무엇이든 만들 수 있는 요술 맷돌을 가진 임금님이 살았어요. 임금님은 요술 맷돌로 만든 물건들로 어려운 사람들에게 도움을 주었어요.

2 어느 날, 도둑이 요술 맷돌을 훔쳤어요. 도둑은 '궁궐과 가까우면 위험하니 궁궐에서 먼 바다로 도망가자.'라고 생각했어요. 그리고 배를 타고 바다로 나갔어요. 배가 육지와 멀어지자, 도둑은 요술 맷돌을 써 보기로 했어요.

3 도둑은 "금덩이는 무거워서 들고 다니기 어려워. 금덩이만큼 귀중하면서 가벼운 소금을 만들래. 이 배를 소금으로 가득 채워야지."라고 말했어요. 그러자 요술 맷돌이 소금을 만들기 시작했어요. 그런데 도둑은 맷돌을 멈추게 하는 방법을 몰랐어요. 결국 소금으로 가득 찬 배가 가라앉았고, 도둑은 벌을 받았어요.

낱말의 첫 자음자를 보고, 빈칸에 들어갈 알맞은 낱말을 쓰세요.

배를 소금으로

| ㅊ | | |

육지에서

| ㅁ | |

이야기를 이해해요

01

이 글의 중심 낱말로 알맞은 것을 모두 골라 색칠하세요.

궁궐

금덩이

소금

도둑

요술 맷돌

02

이 글에 대한 설명으로 알맞은 낱말을 골라 ○표를 하세요.

❶ 임금님은 사람들에게 도움을 받았어요 주었어요 .

❷ 도둑이 도망간 바다는 궁궐에서 멀었어요 가까웠어요 .

❸ 도둑은 요술 맷돌을 사용해 배를 소금으로 비웠어요 채웠어요 .

03

도둑이 요술 맷돌로 소금을 만든 까닭은 무엇인가요? (✏)

❶ 금덩이만큼 무거워서

❷ 들고 다니기 힘들어서

❸ 귀중하고 들고 다니기 쉬워서

자신 있게 사용할 수 있는 서술어에 색칠하세요.

쉽다 주다 채우다 가깝다 켜다

어렵다 받다 비우다 멀다 끄다

3주 뜻이 다양한 서술어

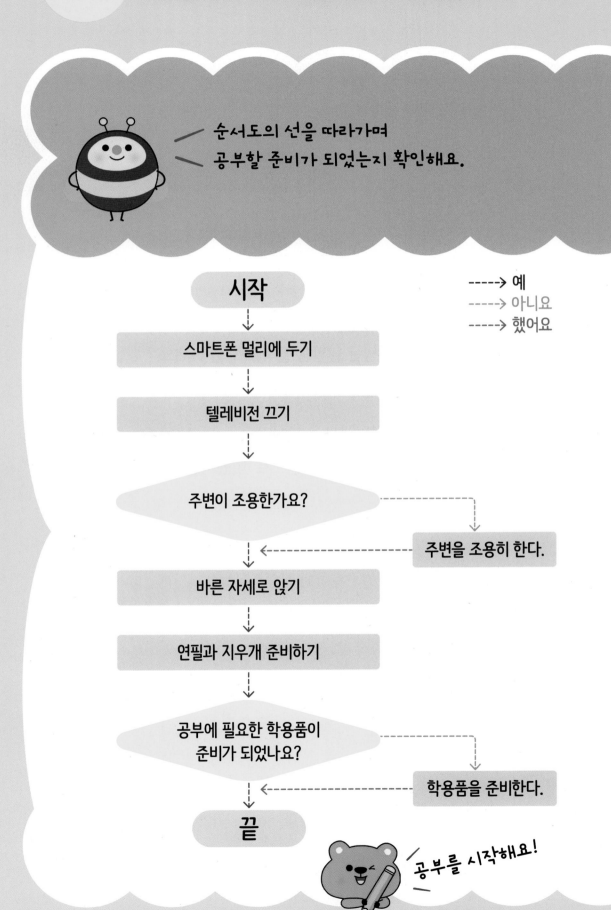

순서도의 선을 따라가며
공부할 준비가 되었는지 확인해요.

시작

스마트폰 멀리에 두기

텔레비전 끄기

주변이 조용한가요?

주변을 조용히 한다.

바른 자세로 앉기

연필과 지우개 준비하기

공부에 필요한 학용품이
준비가 되었나요?

학용품을 준비한다.

끝

-----> 예
-----> 아니요
-----> 했어요

공부를 시작해요!

이번 주에는 무엇을 배울까요?

일차	서술어	과목	쪽수
11	가지다	수학, 상상, 이야기	60
12	묶다	수학, 이야기, 하루	64
13	열다	이야기, 약속	68
14	지키다	국어, 상상	72
15	쌓다	상상, 하루	76
이야기를 읽어요		토끼의 재판	80

알고 있는 서술어에 색칠하세요.

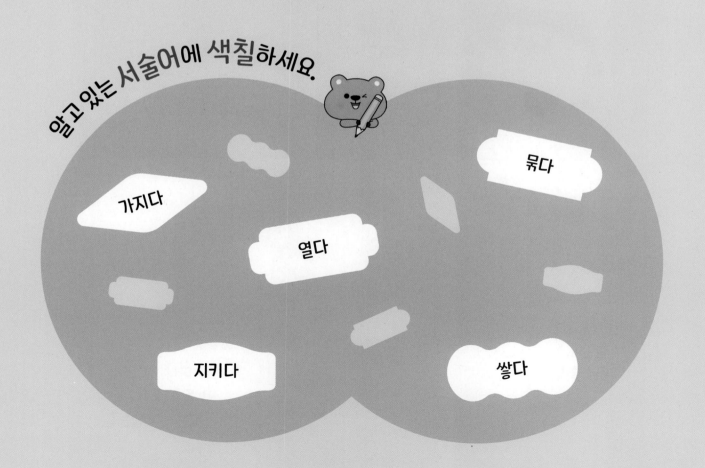

가지다

묶다

열다

지키다

쌓다

가지다

나는 구슬 10개를 **가지고** 있어.

스마트폰을 **가지고** 음악을 만들어요.

자신감을 **가져요.**

이 돌들을 볼래? 요즘 돌 모으는 것에 관심을 **가지고** 있거든.

멋진 돌들이다!

내가 **가지고** 있는 돌 중에 너에게 보여 주고 싶은 돌이 있어.

짠! 너를 닮은 돌이야. 너에게 줄까?

아냐, 괜찮아. 그 돌을 **가지고** 할 수 있는 것이 없는걸.

하
하
하
하

서술어를 익혀요

꼼꼼하게 이해하기

가지다

① 손이나 몸 등에 있게 하다.
   예 장난감을 가지다.

② 어떤 것을 사용해 무엇을 하다.
   예 밀가루를 가지고 빵을 만들었다.

③ 어떤 생각이나 태도 등을 마음에 품다.
   예 우리 학교에 자부심을 가지다.

밀가루

교과서에서는 수학에서 가진 물건에서 얼마큼을 더하거나 빼는 활동을 할 때 주로 ①의 뜻으로 쓰여요. ②의 뜻으로 쓰일 때는 '~을/를 가지고 ~하다.'와 같이 써요.

재미있게 연습하기

괄호에 들어갈 수 있는 낱말을
색연필과 같은 색으로 색칠하세요.

( )을/를 가지고 도전했어요.
↓
어떤 생각이나 태도 등을 마음에 품다.

( )을/를 가지고 요리했어요.
↓
어떤 것을 사용해 무엇을 하다.

( )을/를 가지고 학교에 갔어요.
↓
손이나 몸 등에 있게 하다.

공 용기
책임감 고기 일기장
준비물 채소
자신감

교과서를 이해해요

 교과서에서 '가지다'가 어떻게 쓰이는지 살펴보고, 문제를 풀어 보세요.

수학   1학년 2학기 | #덧셈

구슬은 모두 몇 개인지 알아봅시다.

나는 구슬 10개를 가지고 있어.

나는 구슬 5개를 가지고 있어. 우리가 가진 구슬은 모두 15개야.

꼼꼼하게 이해하기 의 ①의 뜻으로 쓰였어요.

상상   1학년 2학기 | #음악 만들기 #매체 활용

나만의 음악을 만들어요.

스마트폰을 가지고 음악을 만들어요.

꼼꼼하게 이해하기 의 ②의 뜻으로 쓰였어요.

이야기   1학년 2학기 | #발표하기

경험한 것을 친구들에게 이야기해 볼까요?

꼼꼼하게 이해하기 의 ③의 뜻으로 쓰였어요.

친구들 앞에서 발표할 때는 친구들을 바라보고 자신감을 가져요.

01

밑줄 그은 낱말의 뜻이 다른 것을 골라 V표를 하세요.

☐ 자를 <u>가지고</u> 길이를 재요.

☐ 블록을 <u>가지고</u> 도형을 만들어요.

☐ 짝꿍과 수 카드를 5장씩 나누어 <u>가져요.</u>

02

빈칸에 똑같이 들어갈 수 있는 낱말을 골라 색칠하세요

색연필을 [ ] 상상한 장면을 그려요.
그림 그리기가 끝나면 다른 친구의 그림에 관심을
[ ] 감상해요.

잡고   가지고

03

밑줄 그은 낱말의 뜻이 같은 것끼리 선으로 이으세요.

발표할 때 용기를 <u>가져요.</u>

•

•   •

구슬을 1개씩   새로운 일에
<u>가져요.</u>   호기심을 <u>가져요.</u>

묶다

수학

가지를 10개씩
묶어요.

이야기

끈의 양쪽 끝을
묶어요.

하루

사람들이 하는 일을
시간에 따라 묶어 보자.

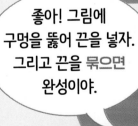

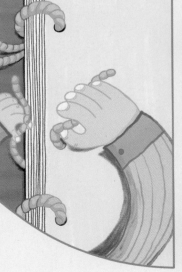

서술어를 익혀요

꼼꼼하게 이해하기

묶다

① 끈, 줄 등을 매듭으로 만들다.

예 신발 끈을 묶다.

② 여럿을 한군데로 모으거나 합하다.

예 비슷한 질문끼리 묶다.

교과서에서는 수학에서 100까지의 수를 셀 때 주로 ②의 뜻으로 쓰여요.

재미있게 연습하기

밑줄 그은 낱말의 뜻으로 알맞은 것을 선으로 이으세요.

풍선의 끝을 <u>묶어요.</u>

밧줄의 한쪽 끝을 <u>묶어요.</u>

뜻이 비슷한 낱말끼리 <u>묶어요.</u>

끈, 줄 등을 매듭으로 만들다.

여럿을 한군데로 모으거나 합하다.

교과서를 이해해요

 교과서에서 '묶다'가 어떻게 쓰이는지 살펴보고, 문제를 풀어 보세요.

수학　1학년 2학기 ｜ #100까지의 수

가지가 모두 몇 개인지 세어 봅시다.

> **꼼꼼하게** 이해하기 의
> ②의 뜻으로 쓰였어요.

> 가지를 10개씩 **묶어요**. 10개씩 묶음 6개와 낱개 5개가 있어서
> 가지는 모두 65개예요.

이야기　1학년 2학기 ｜ #스스로 칭찬하기

나에게 주는 상을 만들어 선물해 보세요.

> 메달을 꾸민 후에 구멍을
> 뚫어요. 구멍에 끈을 넣고
> 끈의 양쪽 끝을 **묶어요**.

> **꼼꼼하게** 이해하기 의 ①의 뜻으로 쓰였어요.

하루　1학년 2학기 ｜ #다양한 하루

낮과 밤에 사람들은 어떤 일을 할까요?

> 사람들이 하는 일을 아는 대로 말하고,
> 시간에 따라 낮에 하는 일과
> 밤에 하는 일로 **묶어** 보자.

> **꼼꼼하게** 이해하기 의 ②의 뜻으로 쓰였어요.

01

아래의 뜻으로 쓰인 낱말을
골라 색칠하세요.

여럿을 한군데로
모으거나 합하다.

무가 모두 몇 개인지 확인하려고 해요. 먼저 무를

10개씩 │ 묶고 │, 한 묶음씩 끈으로 잡아 매요.

이때 끈이 풀어지지 않게 잘 │ 묶어야 │ 해요.

다음으로 묶음이 모두 몇 개인지 세요.

02

그림을 설명하는 내용에
알맞은 낱말을 골라
V표를 하세요

두 줄을 함께 잡고 ☐ 묶어 ☐ 풀어

매듭을 만들어요.

03

밑줄 그은 낱말의 뜻이
다른 것을 골라 V표를
하세요.

☐ 남은 털실을 <u>묶어서</u> 보관해요.

☐ 리본을 <u>묶어서</u> 고리를 만들어요.

☐ 여행은 우리 가족을 하나로 <u>묶어</u> 주었어요.

열다

이야기	이야기	약속
상자를 열어요.	사진전을 열어요.	마음을 열어요.

서술어를 익혀요

꼼꼼하게 이해하기

열다

① 닫히거나 잠긴 것을 트거나 벗기다.

　　예 가방을 열다.

② 모임이나 회의 등을 시작하다.

　　예 학급 회의를 열다.

③ 자기 마음을 다른 사람에게 터놓거나 다른 사람의 마음을 받아들이다.

　　예 새 이웃에게 마음을 열다.

교과서에서는 ③의 뜻으로 쓰일 때는 주로 '마음'과 함께 써요.

재미있게 연습하기

밑줄 그은 낱말의 뜻을 말한 동물을 찾아
그 동물이 들고 있는 모양으로 표시해 보세요.

모임이나 회의 등을
시작하다.　　○

닫히거나 잠긴 것을
트거나 벗기다.　　□

자기 마음을 다른 사람에게 터놓거나
다른 사람의 마음을 받아들이다.　　△

창문을
열어요.

가족회의를
열어요.

친구에게
마음을
열어요.

전시회를
열어요.

자물쇠를
열어요.

교과서를 이해해요

교과서에서 '열다'가 어떻게 쓰이는지 살펴보고, 문제를 풀어 보세요.

이야기 | 1학년 2학기 | #소원 들어주기 #이야기 전시회

소원 들어주기 활동을 해 볼까요?

이름과 소원을 적은 종이를 상자에 넣어요.
소원이 다 모이면 상자를 ㉠ 열어요.

㉠은 **꼼꼼하게** 이해하기 의 ①의 뜻으로,
㉡은 ②의 뜻으로 쓰였어요.

소원 중에 하나를 뽑아서 그 친구의
소원을 들어줘요. 그리고 그 모습을
찍어서 사진전을 ㉡ 열어요.

01 밑줄 그은 낱말을 바르게 고쳐 쓰세요.

소원 쪽지가 담긴 주머니를 <u>여러요</u>.

☐ ☐ ☐

02 빈칸에 똑같이 들어갈 수 있는 낱말을 골라 ○표를 하세요.

반에서 이야기를 소개하는 전시회를 [　　　] 친구들이 만든 이야기를 감상해요.
그리고 전시회를 보고 느낀 점을 자유롭게 이야기해요. 다른 친구의 생각을 들을 때는
마음을 [　　　] 다양한 의견을 받아들여요.

가서　　　열어　　　주어

약속

1학년 2학기 | #다양한 사람들 #다양성 존중

다양한 사람들이 함께 살아가려면 어떻게 해야 할까요?

사람들의 겉모습만 보고 마음대로 생각하지 않아요.

다른 문화를 가진 사람에게 마음을 열어요.

꼼꼼하게 이해하기 의 ③의 뜻으로 쓰였어요.

03 선우는 행복한 세상을 만들 방법을 생각했어요.
밑줄 그은 낱말의 뜻을 선으로 이으세요.

몸이 불편한 친구가 지나갈 때, 문을 <u>열어</u> 줘요.

마을에서 문화 축제를 <u>열어</u> 다양한 문화를 이해해요.

다른 나라에서 온 친구에게 마음을 <u>열고</u> 다가가요.

모임이나 회의 등을 시작하다.

닫히거나 잠긴 것을 트거나 벗기다.

자기 마음을 다른 사람에게 터놓거나 다른 사람의 마음을 받아들이다.

지키다

국어	상상
독도를 지킵니다.	영상 시청 시간을 지켜요.

서술어를 익혀요

꼼꼼하게 이해하기

지키다

① 재산, 이익, 안전 등을 보호하다.

　예 병사가 성을 지키다.

② 규정, 약속, 법 등을 어기지 않고 그대로 하다.

　예 안전 수칙을 지키다.

교과서에서는　다양한 뜻으로 쓰이기 때문에 '지키다' 앞에 오는 말을 잘 살펴봐야 해요.

재미있게 연습하기

괄호 안에 들어갈 알맞은 낱말이 적힌 모자와 옷의 번호를 쓰세요.

(　　　)을/를 지키다.

재산, 이익, 안전 등을 보호하다.

(　　　)을/를 지키다.

규정, 약속, 법 등을 어기지 않고 그대로 하다.

1 예절
2 자연
3 시간
4 나라
5 집
6 규칙

교과서를 이해해요

 교과서에서 '지키다'가 어떻게 쓰이는지 살펴보고, 문제를 풀어 보세요.

국어 | 1학년 2학기 | #설명하는 글 #영화관 예절

무엇에 대해 설명하고 있는지 이야기해 봅시다.

> 독도는 동도와 서도 두 개의 큰 섬과 작은 바위섬들로 이루어져 있습니다. 서도에는 주민이 살고 있습니다. 경비대는 동도에서 독도를 지킵니다.

> 이 글은 독도와 독도에 사는 사람들을 소개하고 있습니다.

꼼꼼하게 이해하기 의 ①의 뜻으로 쓰였어요.

---

01 밑줄 그은 낱말의 뜻이 다른 것을 골라 V표를 하세요.

- [ ] 경찰관은 우리 마을을 지켜요.

- [ ] 길을 건널 때 신호등의 신호를 지켜요.

- [ ] 의견을 말할 때는 말하는 순서를 지켜요.

02 밑줄 그은 낱말의 뜻이 같은 것끼리 선으로 이으세요.

영화 시작 시각을 지켜서 미리 좌석에 앉아요.

•

• •

영화가 끝나고 나갈 때 질서를 지켜요.

안전 요원은 영화 관람객의 안전을 지켜요.

74

상상 | 1학년 2학기 | #올바른 영상 시청 습관 #올바른 스마트폰 사용

올바른 영상 시청 습관을 다짐해 봅시다.

부모님과 정한 영상 시청 시간을 지켜요.

영상을 볼 때는 영상이 '어린이용 영상'인지 확인하고, 영상 관람 기준을 지켜요.

꼼꼼하게 이해하기 의 ②의 뜻으로 쓰였어요.

03 수아는 친구와 올바른 스마트폰 사용을 다짐했어요.
밑줄 그은 낱말의 뜻이 적힌 카드를 골라 번호를 쓰세요.

1
재산, 이익, 안전 등을 보호하다.

2
규정, 약속, 법 등을 어기지 않고 그대로 하다.

스마트폰을 안전하게 보는 거리를 ◯ 지켜서 눈 건강을 ◯ 지킬 거야.

소중한 내 정보를 ◯ 지키려면 나의 이름, 주소, 전화번호, 사진 등을 공개하지 않아야 해.

쌍다

상상
컵을 쌓아요.

하루
지식을 쌓아야 해요.

서술어를 익혀요

꼼꼼하게 이해하기

쌓다

① 여러 개의 물건을 겹겹이 포개어 얹어 놓다.

예 벽돌을 차곡차곡 쌓다.

② 경험, 기술, 업적, 지식 등을 거듭 익혀서 많이 이루다.

예 연습을 해서 실력을 쌓다.

교과서에서는 다양한 뜻으로 쓰이기 때문에 문장을 잘 읽고 '쌓다'의 뜻을 파악해야 해요.

재미있게 연습하기

밑줄 그은 낱말의 뜻이 같은 것끼리
짝 지어 번호를 쓰세요.

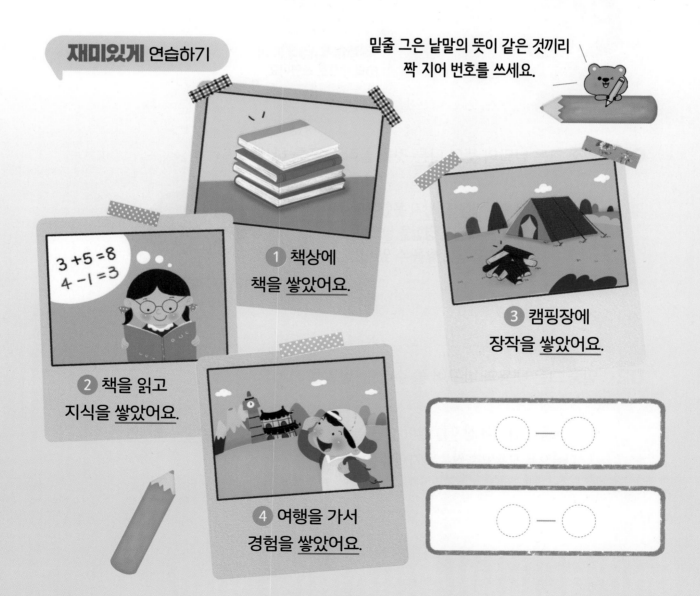

1 책상에 책을 <u>쌓았어요.</u>

3 캠핑장에 장작을 <u>쌓았어요.</u>

3 + 5 = 8
4 − 1 = 3

2 책을 읽고 지식을 <u>쌓았어요.</u>

4 여행을 가서 경험을 <u>쌓았어요.</u>

교과서를 이해해요

 교과서에서 '쌓다'가 어떻게 쓰이는지 살펴보고, 문제를 풀어 보세요.

상상 1학년 2학기 | #컵 쌓기

컵을 쌓고 허무는 놀이를 해 볼까요?

6명의 친구가 차례로 반환 지점까지 달려가서 컵을 쌓고 허무는 놀이에요. 앞에 3명의 친구는 컵을 쌓아요. 그 뒤의 친구들은 컵을 하나씩 가져와 컵을 허물어요.

📌 **꼼꼼하게** 이해하기 의 ①의 뜻으로 쓰였어요.

---

01 밑줄 그은 낱말의 뜻이 <u>다른</u> 것을 골라 ○표를 하세요.

처음에는 컵을 잘 <u>쌓지</u> 못했어요. 여러 번 연습해서 경험을 <u>쌓으니</u>, 이제는 컵을 높이 <u>쌓을</u> 수 있어요.

02 밑줄 그은 내용과 바꾸어 쓸 수 있는 낱말을 쓰세요.

모둠을 나누어 상자를 많이 쌓는 놀이를 해요. 먼저 상자를 <u>겹겹이 포개어 얹어요.</u> 다음으로 모둠별로 쌓은 상자의 수를 세요.

하루

1학년 2학기 | #소중한 하루 #가장 좋은 하루

멋진 '내일'을 위해 '오늘 나'는 무엇을 하면 좋을까요?

나는 축구를 더 잘하고 싶어요.
그래서 매일 공차기를 연습하며
실력을 쌓고 있어요.

꼼꼼하게 이해하기 의
②의 뜻으로 쓰였어요.

내 꿈은 우주 과학자예요.
꿈을 이루려면 책을 읽고
우주에 대한 지식을 쌓아야 해요.

03 예린이는 친구들과 자기가 가장 좋아하는 하루를 이야기했어요.
밑줄 그은 낱말의 뜻이 다른 것을 골라 V표를 하세요.

☐ 나는 체험 학습하는 날이 가장 좋아.
새로운 체험을 하며 다양한 경험을 쌓을 수 있어.

☐ 나는 등산가는 날이 다가오면 무척 설레.
등산로를 걷다가 작은 돌멩이를 쌓으면서
소원을 빌기도 해.

☐ 나는 가족과 요리하는 날이 기다려져.
지난주에는 내가 좋아하는 재료들을
층층이 쌓아서 햄버거를 만들었어.

 아래 낱말을 찾아 색칠하세요.

묶다   지키다   열다
가지다   쌓다

1 한 나그네가 숲속을 지나가다 구덩이에 빠진 호랑이를 발견했어요. 나그네는 밧줄을 묶어 매듭을 만들어서 호랑이를 구해 주었지요. 호랑이는 자기를 도와주면 잡아먹지 않겠다고 약속했지만, 구덩이에서 나오자 나그네를 해치려고 했어요. 호랑이가 약속을 지키지 않자, 나그네는 숲속 회의를 열었어요.

2 황소가 말했어요. "사람들은 나에게 하루 종일 일만 시키니, 사람들과의 약속은 지키지 않아도 돼." 이어서 나무가 말했어요. "맞아. 사람들은 나를 가지고 집을 짓고, 나를 쌓아서 다리를 만들면서 고마워하지 않아."

3 그때, 토끼가 말했어요. "잠깐, ㉠호랑이는 어디에 있었다고?" 토끼의 말을 들은 호랑이는 다시 구덩이로 들어갔어요. 그제야 토끼가 말했어요. "호랑이는 약속을 어기고 은혜도 모르니 원래대로 구덩이에 있으렴."

낱말의 첫 자음자를 보고, 빈칸에 들어갈 알맞은 낱말을 쓰세요.

약속을 | ㅈ | | | 않다.

회의를 | ㅇ | | .

80

이야기를 이해해요

01

이 글에 나오는 동물과 동물에 대한 알맞은 설명을 선으로 이으세요.

토끼 ●	● 나그네와의 약속을 어겼습니다.
황소 ●	● 하루 종일 사람들이 시킨 일을 합니다.
호랑이 ●	● 위기에 처한 나그네를 도와주었습니다.

02

괄호 안에 똑같이 들어갈 수 있는 낱말을 골라 색칠하세요.

사람들은 (   )를 사용해 집을 만들고, (   )를 쌓아서 다리를 만들었어요.

나무   황소   토끼   호랑이

03

토끼가 ㉠과 같이 질문한 까닭은 무엇인가요? (🖉   )

❶ 호랑이가 구덩이에 빠진 모습이 궁금했기 때문입니다.

❷ 나그네가 호랑이를 어떻게 구했는지 알고 싶었기 때문입니다.

❸ 약속을 지키지 않은 호랑이에게 벌을 주려고 했기 때문입니다.

자신 있게 사용할 수 있는 서술어에 색칠하세요.

가지다   묶다   열다   지키다   쌓다

4주 활동을 안내하는 서술어

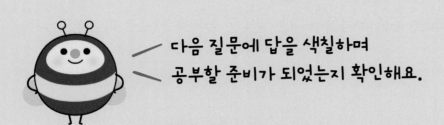

다음 질문에 답을 색칠하며
공부할 준비가 되었는지 확인해요.

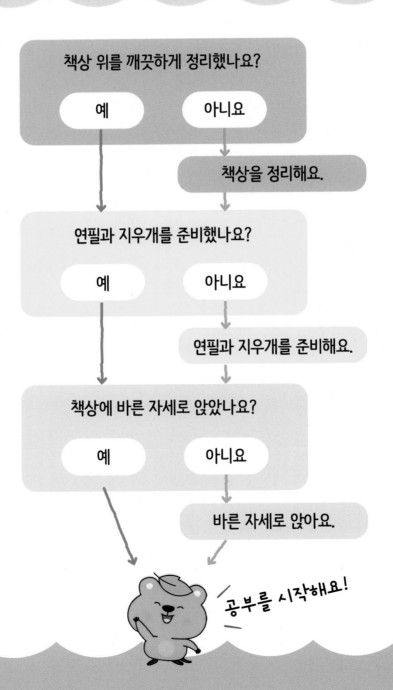

책상 위를 깨끗하게 정리했나요?

예   아니요

책상을 정리해요.

연필과 지우개를 준비했나요?

예   아니요

연필과 지우개를 준비해요.

책상에 바른 자세로 앉았나요?

예   아니요

바른 자세로 앉아요.

공부를 시작해요!

이번 주에는 무엇을 배울까요?

알고 있는 서술어에 색칠하세요.

소개하다

표현하다

발표하다

완성하다

실천하다

표현하다

국어

생각을 문장으로
표현해 봅시다.

수학

모양을 몸으로
표현해 봅시다.

이야기

노래를 춤으로
표현해 볼까요?

언니, 이 그림은
무슨 뜻이야?

뽀롱~뽀롱~

나도 좋다는 생각을
표현한 거야.

나도 내 생각을
그림으로 **표현해** 볼래.

잠시 후

언니가 스마트폰을
적당히 했으면 좋겠다는
생각을 **표현해** 봤어.

알겠어.

꼼꼼하게 이해하기

표현하다

생각이나 느낌을 말이나 글, 몸짓 등으로 나타내다.

예 생각을 글로 표현하다.

예 나의 주장을 말로 표현하다.

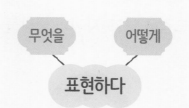

교과서에서는 '자신의 생각을 문장으로 표현해 봅시다.'와 같이 무엇을, 어떻게 표현할지를 함께 써요. 문장에서 표현할 것과 표현할 방법을 잘 확인하고 활동해요.

재미있게 연습하기

같은 색 선을 따라가며 만나는 낱말을 순서대로 빈칸에 써넣어 문장을 완성하세요.

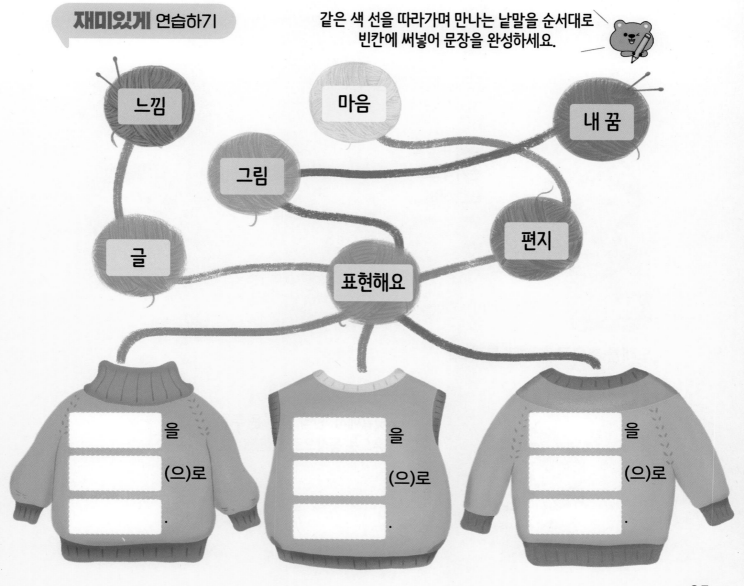

교과서를 이해해요

 교과서에서 '표현하다'가 어떻게 쓰이는지 살펴보고, 문제를 풀어 보세요.

국어 | 1학년 2학기 | #생각 표현하기

그림을 보고, 자신의 생각을 문장으로 **표현해** 봅시다.

> 물이 낭비되고 있으니까 양치할 때는 컵을 사용하면 좋겠어요.

수학 | 1학년 2학기 | #여러 가지 모양

■, ▲, ● 모양을 몸으로 **표현해** 봅시다.

> ■ 모양을 손가락으로 표현했어요.

> ● 모양을 팔로 표현했어요.

이야기 | 1학년 2학기 | #춤 만들기

노래를 춤으로 **표현해** 볼까요?

> 노랫말에서 '반짝 반짝'은 두 손을 흔드는 동작으로 표현했어요.

01

빈칸에 똑같이 들어갈 낱말을
골라 V표를 하세요.

- 자신의 기분을 말로 [ ] 봅시다.
- 흉내 내는 말을 몸으로 [ ] 봅시다.

□ 적어   □ 표현해

02

그림을 설명하는 내용에
알맞은 낱말을 골라
○표를 하세요.

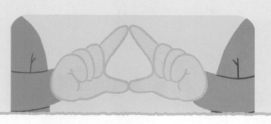

친구와 함께 ▲ 모양을 (글, 그림, 몸짓)(으)로
(말했어요, 표현했어요).

03

밑줄 그은 내용과 바꾸어
쓸 수 있는 낱말을 골라
색칠하세요.

　　내가 읽은 이야기에서 인상 깊은 장면을 다양한
방법으로 <u>표현해</u> 보세요.

기억해   나타내   생각해

소개하다

국어

자신이 그린 그림을
소개해 봅시다.

수학

자신이 만든 10을
소개해 보세요.

하루

좋은 노래를
소개해 볼까요?

서술어를 익혀요

꼼꼼하게 이해하기

소개하다

잘 알려지지 않았거나 모르는 내용을 잘 알도록 설명하다.

~에(~에게) ── 무엇을 → 소개하다

예 친구에게 재미있는 동화책을 소개하다.

교과서에서는 '자신이 그린 그림을 소개해 봅시다.', '좋은 노래를 소개해 볼까요?'와 같이 '소개하다' 앞에 소개할 내용이 나와요.

재미있게 연습하기

낱말 카드를 활용해 말풍선의 문장을 완성하세요.

[ ] 께 내가 읽은 [ ] 을/를 소개해요.

책 　 엄마

[ ] 께 새로 생긴 [ ] 을/를 소개해요.

아빠 　 음식점

[ ] 께 내가 기르는 [ ] 을 소개해요.

식물 　 선생님

교과서를 이해해요

 교과서에서 '소개하다'가 어떻게 쓰이는지 살펴보고, 문제를 풀어 보세요.

국어 1학년 2학기 | #그림일기

친구들 앞에서 자신이 그린 그림을 **소개해** 봅시다.

> 어제 오빠와 배드민턴을 친 일이
> 기억에 남아 그림으로 표현했습니다.

수학 1학년 2학기 | #덧셈과 뺄셈

주사위를 굴려 나온 수로 10을 만들고, 자신이 만든 10을 **소개해** 보세요.

> 주사위를 굴려서 나온 수는 3이에요.
> 10을 만들기 위해
> 내가 생각한 수는 7이에요.

하루 1학년 2학기 | #편안한 잠자리

잠 잘 때 들으면 좋은 노래를 **소개해** 볼까요?

> 잠을 잘 때 피아노 연주곡을
> 들으면 마음이 편해져요.

01
글자 카드를 순서에 맞게
써넣어 빈칸에 들어갈
낱말을 완성하세요.

개 요 소 해

가장 재미있게 읽은 책을 [   ].

02
밑줄 그은 낱말의 뜻을
골라 ○표를 하세요.

뺄셈으로 답을 구한 방법을 <u>소개해</u> 보세요.

생각이나 느낌을
말이나 글, 몸짓
등으로 나타내다.

잘 알려지지 않았거나
모르는 내용을 잘
알도록 설명하다.

03
다음 질문에 알맞은 대답을
모두 골라 V표를 하세요.

깊은 잠을 자는 방법을 소개해 볼까요?

☐ 잠을 자는 방을 어둡게 해요.

☐ 깊은 잠을 자면 피곤하지 않아요.

☐ 늦게까지 스마트폰을 사용하지 않아요.

발표하다

수학

상상한 이야기를
발표해 보세요.

국어

정한 내용을
발표해 봅시다.

서술어를 익혀요

꼼꼼하게 이해하기

발표하다

어떤 사실이나 결과, 작품을 드러내어 알리다.

예 모둠에서 조사한 내용을 발표하다.

예 시험의 합격자를 발표하다.

무엇을
|
발표하다

교과서에서는 '상상한 이야기를 발표해 보세요.', '정리한 내용을 발표해 봅시다.'와 같이 어떠한 활동을 하고 난 뒤에 그 결과를 여러 사람에게 알릴 때 주로 써요.

재미있게 연습하기

낱말을 순서에 맞게 써넣어 문장을 완성하세요.

발표했어요.   생각을   나의

가수가   발표했어요.   노래를

교과서를 이해해요

교과서에서 '발표하다'가 어떻게 쓰이는지 살펴보고, 문제를 풀어 보세요.

수학 | 1학년 2학기 | #시간과 시각

모형 시계를 이용하여 상상한 이야기를 **발표해** 보세요.

2시 30분에 동물 친구들과
놀이터에서 만나서
술래잡기를 할 거예요.

---

01 다음 설명을 보고, 빈칸에 들어갈 글자를 써 보세요.

모둠에서 답을 구할 수 있는 덧셈식을 만들어 ⬚⬚⬚ 해요.

'어떤 사실이나 결과, 작품을 드러내어 알리다.'라는 뜻이에요. ↵

02 다음 내용을 보고, 해야 할 행동으로 알맞은 것을 골라 V표를 하세요.

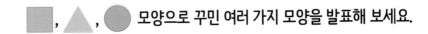

■, ▲, ● 모양으로 꾸민 여러 가지 모양을 발표해 보세요.

☐ ■, ▲, ● 모양으로 어떤 모양을 꾸밀지 생각해요.

☐ ■, ▲, ● 모양으로 어떤 모양을 꾸몄는지 알려 줘요.

국어 1학년 2학기 | #그림일기 #경험한 일 발표하기

아침에 있었던 일 가운데에서 하나를 정하고, 정한 내용을 **발표해** 봅시다.

> 아침에 수업에 필요한 준비물을
> 찾느라고 허둥지둥했습니다.
> 급한 마음에 울음이 날 뻔했습니다.
> 다음부터 준비물을 미리 챙겨야겠다고
> 생각했습니다.

03 해윤이네 반에서 다양한 이야기책을 알아봤어요.
다음 활동 내용에 알맞은 발표를 골라 V표를 하세요.

> 자기가 가장 좋아하는 이야기책의 제목, 등장인물, 가장 재미있었던 장면을 정리해요.
> 그리고 정리한 내용을 친구들 앞에서 발표해 보세요.

☐ 제가 가장 좋아하는 이야기책은 『개미와 베짱이』입니다. 이 이야기에는 개미와 베짱이가 나오는데, 베짱이가 일을 하지 않고 게으름 피우는 장면이 가장 재미있었습니다.

☐ 저는 부지런한 개미와 게으른 베짱이가 주인공인 『개미와 베짱이』를 가장 좋아합니다. 이 이야기를 읽으며 개미처럼 앞으로 일어날 일을 미리 준비해야 한다는 점을 배웠습니다.

완성하다

빈칸에 수를 써넣어
내용을 완성해 보세요.

인형극의 무대를
완성해 보세요.

내가 가지고 싶었던
퍼즐이네!

야옹!
야옹!

스ㅡ윽

조각 하나가
없잖아!

조각을 맞춰서
퍼즐을 완성해야지.

물건을 모아서
나만의 보물 창고를
완성해야지.

서술어를 익혀요

꼼꼼하게 이해하기

완성하다

완전히 다 이루다.

(예) 이야기책을 완성하다.

(예) 화가가 작품을 완성하다.

무엇을
│
완성하다

교과서에서는 다양한 활동을 할 때 쓰여요. 국어와 수학에서는 빈칸에 알맞은 낱말이나 수를 넣어 문장이나 식을 완성하는 활동을 할 때 주로 써요.

재미있게 연습하기

그림에 알맞은 문장이 되도록 길을 찾고,
완성된 문장을 읽어 보세요.

멋진　　　음식을

맛있는　　그림을　　완성했어요.

알찬　　　계획표를

교과서에서 '완성하다'가 어떻게 쓰이는지 살펴보고, 문제를 풀어 보세요.

수학 1학년 2학기 | #덧셈과 뺄셈

빈칸에 알맞은 수를 써넣어 내용을 **완성해** 보세요.

친구들과 바구니에 공 넣기 놀이를 했어요.
우리는 들고 있는 공을 모두 바구니에 넣었어요.

지호는 2개를, 수연이는 [4]개를 넣었어요.

마지막으로 내가 [3]개를 넣었으니,

우리가 바구니에 넣은 공은 모두 [9]개예요.

---

01 밑줄 그은 내용과 바꾸어 쓸 수 있는 낱말에 색칠하세요.

두 수를 활용해 덧셈식을 <u>완전히 이루어지게 해요.</u>

완성해요   표현해요

02 다음 질문에 알맞은 대답을 골라 ○표를 하세요.

빈칸에 알맞은 수를 넣어 아래 뺄셈식을 완성해 볼까요?

$8 - \boxed{} = 6$

뺄셈식을 완성하려면,
빈칸에 2를 넣어야 합니다.

뺄셈식을 완성하려면,
빈칸에 3을 넣어야 합니다.

이야기 | 1학년 2학기 | #무대 만들기 #인형극

친구들과 함께 인형극의 무대를 **완성해** 보세요.

친구들이 각자 만든
무대를 하나로 합쳐서
더 멋진 무대를 **완성했어요.**

03 연우는 친구들과 인형극을 준비하고 있어요.

다음 그림을 보고, 문장에 들어갈 알맞은 낱말에 색칠하세요.

① 등장인물의 특징을 살려서 인형극에 나올

| 무대 | 인형 | 을/를 |

| 계획했어요 | 완성했어요 | .

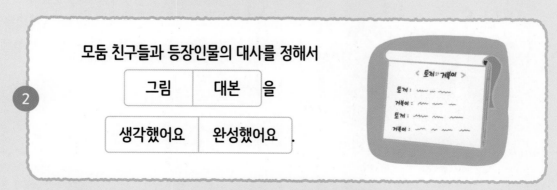

② 모둠 친구들과 등장인물의 대사를 정해서

| 그림 | 대본 | 을

| 생각했어요 | 완성했어요 | .

실천하다

약속

물을 아껴 쓰는 방법을
실천해 볼까요?

하루

매일 해야 하는 일을
실천해 볼까요?

오늘부터 매일
이 세 가지 일을
실천할 거야.

1. 책 읽기(30분)

2. 운동하기(30분)

3. 채소 골고루 먹기

멋지다! 계획을
꼭 실천하길 바라.

며칠 후 뒹굴 뒹굴

1. 책 읽기(30분) 10분

2. 운동하기(30분) 5분

3. 채소 골고루 먹기
(당근은 빼고)

계획을 바꾸지 말고,
계획을 실천해야지.

서술어를 익혀요

꼼꼼하게 이해하기

실천하다

생각한 것을 실제로 하다.

예 쓰레기 줍는 일을 실천하다.

예 모둠에서 정한 활동을 실천하다.

무엇을
|
실천하다

교과서에서는 '물 절약을 실천해 볼까요?', '매일 해야 하는 일을 실천해 볼까요?'와 같이 생각하거나 계획한 일을 실제로 해 보는 활동을 할 때 주로 써요.

재미있게 연습하기

길을 따라 내려가 괄호 안에 들어갈 낱말을 써넣어 문장을 완성하세요.

일

약속

계획

공부
(   )을
실천해요.

엄마와의
(   )을
실천해요.

자연을 보호하는
(   )을 실천해요.

교과서를 이해해요

🐾 교과서에서 '실천하다'가 어떻게 쓰이는지 살펴보고, 문제를 풀어 보세요.

약속 | 1학년 2학기 | #물 절약하기 #환경 지키기

물을 아껴 쓰는 방법을 실천해 볼까요?

친구와 물을 가지고
장난치지 않아요.

샤워할 때 물을 잠그고
비누칠해요.

01 밑줄 그은 내용과 바꾸어 쓸 수 있는 낱말을 쓰세요.

쓰레기를 줄이는 방법을 찾아서 <u>생각한 것을 실제로 해요.</u>

02 빈칸에 똑같이 들어갈 알맞은 낱말을 골라 ○표를 하세요.

· 나무를 지키는 방법을 [   ].

· 자연을 보호하겠다는 다짐을 [   ].

· 아무것도 사지 않는 날을 정해서 [   ].

실천해요   상상해요

하루

1학년 2학기 | #건강한 하루

매일 해야 하는 일을 스스로 **실천하고** 확인해 볼까요?

아침에 할 일

- 이부자리를 정리해요. ○
- 혼자서 씻고, 양치해요. ○
- 밥을 꼭꼭 씹어 먹어요. ○

매일 아침에 해야 하는
세 가지 일을 **실천하고**,
실천한 일에 ○표시를 했어요.

03 우석이는 요일별로 해야 할 운동을 정했어요.
운동 일기 내용을 보고, 표에서 알맞은 칸을 골라 V표를 하세요.

> 월요일에는 아빠와 자전거를 탔다. 화요일에는 소풍을 가느라 운동할 시간이 없었다. 수요일에는 공차기를 했고, 목요일에는 줄넘기를 했다. 금요일에는 걷기 운동과 맨손 체조를 했다.

요일	운동	실천했어요	실천하지 않았어요
월요일	자전거 타기		
화요일	걷기 운동하기		
수요일	공차기		
목요일	배드민턴 치기		
금요일	맨손 체조하기		

이야기를 읽어요

★ 공부한 날짜

월   일

1 숲속에 사는 새들이 가장 멋진 새를 자신들의 왕으로 뽑기로 했어요. 까마귀는 왕이 되고 싶었지만, 자기의 까만 깃털이 부끄러웠어요. 까마귀는 다른 새들이 떨어뜨린 깃털을 보고, 그것들로 장식을 만들어야겠다고 생각했어요. 그리고 ㉠그 생각을 바로 실천했지요. 얼마 뒤 까마귀는 멋진 깃털 장식을 완성했어요.

2 새들은 각자 자기의 모습을 소개하고, 가장 멋진 새를 뽑아 발표하기로 했어요. 까마귀는 자기 순서가 되자 깃털 장식을 마치 자기 깃털인 것처럼 자랑했어요.

3 그때, 새들이 말했어요. "저 깃털은 내 깃털이잖아.", "까마귀가 우리의 깃털을 모아서 자기 깃털인 것처럼 표현했어." 화가 난 새들은 자신의 깃털을 뽑아 갔어요. 원래 모습으로 돌아온 까마귀는 엉엉 울며 도망갔어요.

낱말의 첫 자음자를 보고, 빈칸에 들어갈 알맞은 낱말을 쓰세요.

깃털 장식을

ㅇ			

.

자기를

ㅅ			

.

이야기를 이해해요

01

이 글에 대한 설명이 맞으면 ○표, 틀리면 ✕표에 색칠하세요.

❶ 까마귀는 자기 깃털이 마음에 들지 않았어요.　　○　✕

❷ 까마귀는 멋진 깃털 장식으로 새들의 왕이 되었어요.　　○　✕

❸ 새들은 까마귀가 만든 깃털 장식이 멋있다고 생각했어요.　　○　✕

02

㉠에 알맞은 까마귀의 행동을 골라 보세요. (　　　　　)

❶ 다른 새들의 깃털로 장식을 만들었어요.

❷ 깃털 장식을 자랑하며 자기를 소개했어요.

❸ 새들의 왕을 뽑는 자리에 나가기로 결심했어요.

03

까마귀에게 해 줄 수 있는 가장 적절한 말을 골라 보세요. (　　　　　)

❶ 깃털 장식을 더 멋지게 만들었으면 왕이 되었을 거예요.

❷ 자기 모습을 있는 그대로 받아들이고 아끼며 사랑해야 해요.

❸ 새들의 깃털을 사용하려면 먼저 새들에게 허락을 받아야 해요.

자신 있게 사용할 수 있는 서술어에 색칠하세요.

표현하다　　소개하다　　발표하다　　완성하다　　실천하다

1-3 왼쪽 낱말과 뜻이 반대인 낱말을 골라 V표를 하시오.

1 굵다 ◯ 얇다 ◯ 가늘다 ◯ 비우다

2 켜다 ◯ 끄다 ◯ 받다 ◯ 펴다

3 느리다 ◯ 빠르다 ◯ 어렵다 ◯ 줄이다

4-6 문장에 알맞은 낱말을 보기에서 골라 쓰시오.

보기 　가깝다　늘리다　두껍다

4 겨울옷은 여름옷보다 ☐☐☐ .

5 우리 반은 음악실에서 ☐☐☐ .

6 인기 있는 공연의 좌석 수를 ☐☐☐ .

7 밑줄 그은 낱말의 뜻이 다른 것은? (　)

❶ 구슬을 10개씩 묶어요.

❷ 끈의 양쪽 끝을 묶어요.

❸ 색깔이 같은 물건끼리 묶어요.

8-10 문장에 알맞은 낱말을 골라 ◯표를 하시오.

8 체조할 때는 어깨를 활짝 　폅니다　 굽힙니다 .

9 공공장소에서 큰 소리로 말하면 사람들에게 피해를 　줍니다　 받습니다 .

10 아빠와 함께 바람이 빠진 자전거 바퀴에 공기를 　비웠습니다　 채웠습니다 .

11 빈칸에 똑같이 들어갈 수 있는 낱말을 골라 색칠하시오.

- 노크하고 방문을 [   ].
- 우리 마을을 자랑하는 축제를 [   ].

| 가져요 | 열어요 | 발표해요 |

12 빈칸에 들어갈 알맞은 낱말을 골라 선으로 이으시오.

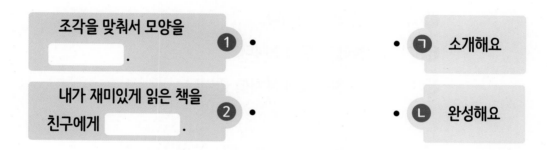

조각을 맞춰서 모양을 [   ]. ❶ •　　• ㄱ 소개해요

내가 재미있게 읽은 책을 친구에게 [   ]. ❷ •　　• ㄴ 완성해요

13 괄호 안에 들어갈 알맞은 낱말을 찾아 ○표를 하시오.

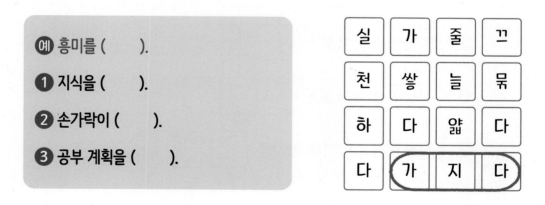

예 흥미를 (   ).
❶ 지식을 (   ).
❷ 손가락이 (   ).
❸ 공부 계획을 (   ).

실	가	줄	끄
천	쌓	늘	묶
하	다	얇	다
다	가	지	다

14 - 15 왼쪽 낱말을 넣어서 문장을 써 보시오.

14 지키다 ✏ _____

15 표현하다 ✏ _____

스스로 평가하기　😊 잘함　😐 보통임　😣 부족함

1 - 3 왼쪽 뜻에 알맞은 낱말을 골라 V표를 하시오.

1 무엇을 하는 데 까다롭고 힘들다. ○ 쉽다 ○ 어렵다

2 물체의 두께가 보통 정도보다 작다. ○ 얇다 ○ 가늘다

3 어떤 동작을 하는 데 걸리는 시간이 길다. ○ 느리다 ○ 늘리다

4 밑줄 그은 낱말의 쓰임이 옳은 것은? (✏️)

❶ 두 다리를 쭉 굽힙니다.

❷ 기둥의 둘레가 두껍습니다.

❸ 나쁜 말은 친구에게 상처를 줍니다.

5 - 7 문장에 알맞은 낱말을 보기에서 골라 쓰시오.

보기 　굽혔다　받았다　쌓았다

5 벽돌을 차곡차곡 ☐☐☐.

6 천장이 낮아서 몸을 ☐☐☐.

7 심부름하고 엄마께 칭찬을 ☐☐☐.

8 - 10 문장에 알맞은 낱말을 골라 색칠하시오.

8 어른에게 예의를 [가져요] [지켜요].

9 실이 머리카락보다 [얇아요] [가늘어요].

10 책을 넣어서 무게를 [늘려요] [줄여요].

11 빈칸에 똑같이 들어갈 수 있는 낱말을 골라 ○표를 하세요.

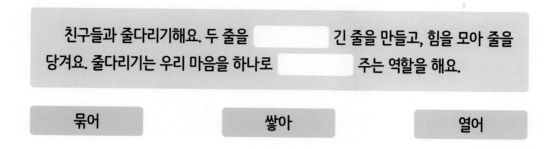

> 친구들과 줄다리기해요. 두 줄을 　　　　 긴 줄을 만들고, 힘을 모아 줄을 당겨요. 줄다리기는 우리 마음을 하나로 　　　　 주는 역할을 해요.

　　　묶어　　　　　　　　　쌓아　　　　　　　　　열어

12 빈칸에 들어갈 알맞은 낱말을 골라 선으로 이으시오.

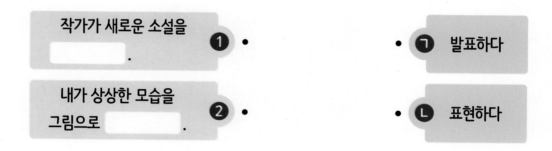

작가가 새로운 소설을 　　　　. ❶　　　　　　　ㄱ 발표하다

내가 상상한 모습을 그림으로 　　　　. ❷　　　　　　　ㄴ 표현하다

13 선을 따라 내려가 괄호 안에 들어갈 알맞은 낱말을 쓰시오.

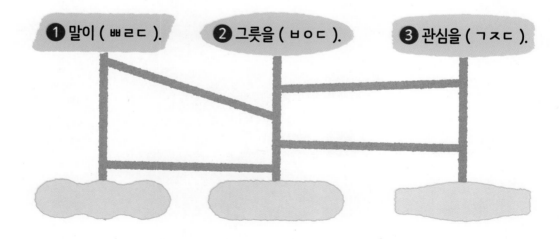

❶ 말이 (ㅃㄹㄷ).　　❷ 그릇을 (ㅂㅇㄷ).　　❸ 관심을 (ㄱㅈㄷ).

14 - 15 왼쪽 낱말을 넣어서 문장을 써 보시오.

14 열다 　🖉 _____

15 소개하다 　🖉 _____

MEMO

하루하루 완성하는

칠교그림

6일
9일
1일
4일
1주
이야기
10일
12일
16일
2주
이야기
3주
이야기
15일
18일
19일
14일
3일
8일
2일
5일
7일
17일
20일
11일
4주
이야기
13일

다음에도 함께
공부하자.

공부로 이끄는 힘!

완자
공부력

교과서
문해력

교과서가 술술 읽히는
서술어

|정답과 해설|

1B
1학년

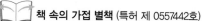

정답과 해설

QR코드

공부로 이끄는 힘!

완자 공부력

교과서 문해력
교과서가 술술 읽히는 서술어 1B

| 정답과 해설 |

정답과 해설을
함께 보며 실력을
탄탄하게 다져요.

굵다 ↔ 가늘다

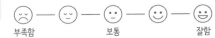
서술어를 익혀요

본문 13쪽

재미있게 연습하기

빈칸에 들어갈 알맞은 낱말이 적힌 블록을 골라 번호를 쓰세요.

① 굵어요.

② 가늘어요.

실이 **②**   밧줄이 **①**

선이 **②**   선이 **①**

그림을 보면 빈칸에 들어갈 알맞은 낱말을 알 수 있어요. 실은 가늘고, 밧줄은 굵어요. 연필로 그은 선은 가늘고, 붓으로 그은 선은 굵어요.

지도 TIP 👉 그림을 보며 물체의 둘레를 표현할 때 쓰는 낱말을 이해할 수 있도록 지도해요.

교과서를 이해해요

본문 14~15쪽

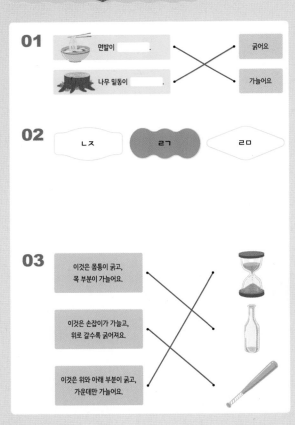

01 면발이 [   ]   굵어요

나무 밑동이 [   ]   가늘어요

02 ㄴㅈ   ㄹㄱ   ㄹㅁ

03
이것은 몸통이 굵고, 목 부분이 가늘어요.

이것은 손잡이가 가늘고, 위로 갈수록 굵어져요.

이것은 위와 아래 부분이 굵고, 가운데만 가늘어요.

01 면발은 둘레가 작으므로 '가늘다'가 어울리고, 나무 밑동은 둘레가 크므로 '굵다'가 어울려요.

02 '노을이 붉다.', '동화책을 읽다.', '코끼리 다리가 굵다.'이므로 빈칸에 똑같이 들어갈 받침은 ㄹㄱ이에요. 받침 ㄴㅈ이 들어간 낱말에는 '앉다', '얹다' 등이 있고, 받침 ㄹㅁ이 들어간 낱말에는 '삶다', '굶다', '닮다' 등이 있어요.

03 모래시계, 유리병, 야구 방망이 중에서 몸통이 굵고 목 부분이 가는 것은 유리병이에요. 손잡이가 가늘고 위로 갈수록 굵어지는 것은 야구 방망이고, 위와 아래 부분이 굵고 가운데만 가는 것은 모래시계예요.

지도 TIP 👉 '굵다'와 '가늘다'를 사용해 주변 사물의 둘레를 표현하는 문장을 만들어 보게 해요.

두껍다 ↔ 얇다

서술어를 익혀요

본문 17쪽

재미있게 연습하기

괄호 안에 들어갈 날말이 적힌 카드의 자음자와
모음자를 순서대로 써서 상자 안에 든 것을 알아보세요.

ㅣ 얇아요   ㅏ 얇으면   ㅍ 두꺼워요   ㅈ 두꺼우면

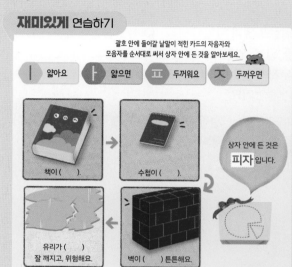

책이 (   ).

수첩이 (   ).

상자 안에 든 것은
피자 입니다.

유리가 (   )
잘 깨지고, 위험해요.

벽이 (   ) 튼튼해요.

그림을 보면 책은 두껍고, 수첩은 얇아요. 벽이 두꺼우면 튼튼해요. 그리고 유리가 얇으면 잘 깨지고, 위험해요.

지도 TIP ☞ '두껍다'는 '굵다'와 '얇다'는 '가늘다'와 헷갈릴 수 있어요. 그림 자료를 활용해 '굵다'와 '가늘다'는 물체의 둘레를 표현할 때 쓰이고, '두껍다'와 '얇다'는 물체의 두께를 나타낼 때 쓰인다는 점을 구분하여 이해할 수 있도록 지도해요.

교과서를 이해해요

본문 18~19쪽

01 ❶ ☑ 얇으면 ☐ 두꺼우면
    ❷ ☐ 얇으면 ☑ 두꺼우면

02 ❶ (얇아요) 두꺼워요
    ❷ 얇아요 (두꺼워요)

03 ❶ ㅂ ㅏ
      ㄹㅂ
    ❷ ㅇ ㅑ
      ㄹㅂ

01 ❶ 색종이가 얇으면 종이 상자의 글씨가 비칠 수 있어요. ❷ 종이 상자가 두꺼우면 오리기 어려울 수 있어요.

02 그림을 보면 양파와 오렌지 껍질의 두께를 알 수 있어요. 양파는 껍질이 얇고, 오렌지는 껍질이 두꺼워요.

03 '흙을 밟다.'와 '종이 두께가 얇다.'이므로 ❶과 ❷의 빈칸에 똑같이 들어갈 받침은 ㄼ이에요.

지도 TIP ☞ '넓다', '떫다', '얇다', '짧다' 등 받침 ㄼ이 들어간 다른 낱말을 알려 주세요.

늘리다 ↔ 줄이다

서술어를 익혀요

본문 21쪽

재미있게 연습하기

그림을 보고, 문장에 알맞은 낱말을 골라 색칠하세요.

나무를 **늘려요** **줄여요** .　　버터를 **늘려요** **줄여요** .

쓰레기를 **늘려요** **줄여요** .　　반찬을 **늘려요** **줄여요** .

화살표 앞과 뒤의 그림을 비교하면 문장에 알맞은 낱말을 알 수 있어요. 나무는 개수가 늘었고, 버터는 개수와 무게가 늘었어요. 쓰레기는 양이 줄었고, 반찬은 개수가 줄었어요.

지도 TIP 👉 '늘리다'는 '늘이다'와 헷갈릴 수 있어요. '늘이다'는 길이를 원래보다 더 길어지게 한다는 뜻임을 안내해요.

교과서를 이해해요

본문 22~23쪽

01　☐ 늘렸어요　　Ⅴ 줄였어요

01 밑줄 그은 '원래보다 적어지게 했어요'와 바꾸어 쓸 수 있는 낱말은 '줄였어요'예요. '늘리다'는 개수나 분량을 원래보다 많아지게 하거나 무게를 더 나가게 한다는 뜻이에요.

02　등장인물을 1명에서 3명으로 늘려요.　주인공의 대사를 2줄에서 4줄로 줄여요.　인형극을 5분 더 해야 하니, 장면을 늘려요.

02 주인공의 대사가 2줄에서 4줄로 분량이 더 많아진 것이므로 '주인공의 대사를 2줄에서 4줄로 늘려요.'가 알맞아요.

03　❶ 늘려요 **줄여요**
　　❷ 늘릴 **줄일**
　　❸ **늘려서** 줄여서
　　❹ 늘려요 **줄여요**

03 ❶ 배달 음식을 먹으면 쓰레기가 많이 나오므로, 음식을 배달하는 횟수를 줄여요. ❷ 급식을 받을 때 음식을 먹을 수 있는 만큼만 받으면 음식물 쓰레기의 양을 줄일 수 있어요. ❸, ❹ 환경을 지키려면 여러 번 사용할 수 있는 물건 사용을 늘려서 일회용품 사용을 줄여요.

지도 TIP 👉 문장의 전체 내용을 잘 살펴보고 알맞은 낱말을 찾을 수 있도록 지도해요.

서술어를 익혀요

본문 25쪽

재미있게 연습하기

길을 따라 내려가며 만나는 낱말을
활용해 문장을 완성하세요.

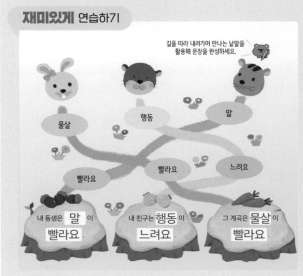

물살 / 행동 / 말

빨라요 / 빨라요 / 느려요

내 동생은 **말** 이
빨라요

내 친구는 **행동** 이
느려요

그 계곡은 **물살** 이
빨라요

같은 색의 선을 따라가며 만나는 낱말을 빈칸에 순서대로 쓰면 문장을 완성할 수 있어요. 문장을 완성하면 '내 동생은 말이 빨라요.', '내 친구는 행동이 느려요.', '그 계곡은 물살이 빨라요.'예요.

지도 TIP 👉 '빠르다'와 '느리다'가 말, 행동, 걸음, 달리기, 특정 동작 등을 하는 데 걸리는 시간의 정도를 나타낼 때 쓰인다는 점을 이해할 수 있도록 지도해요.

교과서를 이해해요

본문 26~27쪽

01 ❶ ((느리다고), 빠르다고)

❷ (느리면, (빠르면))

02 ❶ 느려져요

❷ 빨라져요

03

이름	운동장을 한 바퀴 걷는 데 걸린 시간	운동장을 한 바퀴 달리는 데 걸린 시간
아영	13분	11분
지훈	12분	10분
해준	15분	8분

01 ❶ 에스컬레이터가 움직이는 속도가 느리다고 뛰어 내려가지 않아요. ❷ 물살의 흐름이 빠르면 물속에 들어가거나 물가에서 놀지 않아요.

지도 TIP 👉 문장의 전체 내용을 파악해서 알맞은 낱말을 고를 수 있도록 지도해요.

02 ❶ 풍경을 보며 천천히 걷다보면 걸음이 느려져요. '천천히'는 '느리다'와 어울리는 낱말이에요. ❷ 팔을 좌우로 힘차게 흔들면 달리기가 빨라져요. 팔을 힘차게 흔드는 동작은 '빠르다'와 어울려요.

03 걸음이 느리면 운동장을 한 바퀴 걷는 데 걸리는 시간이 길어요. 달리기가 빠르면 운동장을 한 바퀴 달리는 데 걸리는 시간이 짧아요. 운동장을 한 바퀴 걷는 데 걸린 시간이 가장 길고, 달리는 데 걸린 시간이 가장 짧은 친구는 해준이에요.

굽히다 ↔ 펴다

서술어를 익혀요

본문 29쪽

재미있게 연습하기

그림을 보고, 괄호 안에 들어갈 알맞은 낱말을 골라 길을 찾으세요.

그림의 동작을 살펴보면 괄호에 들어갈 낱말을 알 수 있어요. 팔을 곧게 하거나 손가락을 곧게 하는 동작을 표현할 때는 '펴다'를 쓰고, 몸이나 무릎을 휘게 하는 동작을 표현할 때는 '굽히다'를 써야 해요. 따라서 '팔을 펴다.', '몸을 굽히다.', '무릎을 굽히다.', '손가락을 펴다.' 가 알맞아요.

지도 TIP ☞ '굽히다'와 '펴다'를 쓰는 상황이 어떻게 다른지 이해할 수 있도록 지도해요.

교과서를 📖 이해해요

본문 30~31쪽

01

펴	요

02 ☑  ☐

03
① [펴고 | 굽히고]
② [펴고 | 굽히고]
　 [펴요 | 굽혀요]

01 밑줄 그은 '곧게 해요'와 바꾸어 쓸 수 있는 낱말은 '펴요'예요.

02 제시한 내용에 알맞은 동작은 왼쪽 동작이에요. 오른쪽 동작은 두 다리는 모두 펴고, 두 팔은 모두 굽히고 있어요.

03 그림을 보고 알맞은 낱말을 고를 수 있어요. ① 그림에서 웃어른을 만난 학생이 허리를 굽히고 인사하고 있어요. ② 그림에서 학생은 허리와 어깨를 바르게 펴고 팔은 자연스럽게 굽혀서 걷고 있어요.

지도 TIP ☞ 다양한 동작을 직접 해 보고, '굽히다'와 '펴다'를 사용해 동작을 설명해보도록 지도해요.

독해 Point　어려운 상황에 처하더라도 지혜를 발휘하면 이겨낼 수 있다는 내용이에요. 늑대가 아기 염소들을 속이려고 한 행동과 엄마 염소가 아기 염소들을 구한 방법을 파악하며 글을 읽어 보세요. 이때, 공부한 낱말의 뜻을 생각하며 그 쓰임을 살펴보세요.

본문 32쪽

1

숲속에 엄마 염소와 아기 염소들이 살았어요. 엄마 염소가 시장에 가자, 늑대가
　　　　　등장인물　　　　　　　　　　　　　　　　　　　　　　등장인물

엄마 염소인 척하며 문을 열어 달라고 했어요. 첫째 염소가 늑대 발을 보고

말했어요. "엄마는 발목이 하얗고 가는데, 저 발목은 까맣고 굵어. 저것은 늑대야."
　　　　　　　　　　　　엄마 염소 발목의 모습　　　　　　늑대 발목의 모습

→ 엄마 염소가 집을 비우자, 늑대가 엄마 염소인 척하며 문을 열라고 했어요. 첫째 염소는 늑대의 발을 보고 엄마가 아닌 것을 알았어요.

2

늑대가 발을 엄마 염소처럼 분장하고 나타나자, 아기 염소들은 늑대에게 문을
　　　　　늑대가 아기 염소들을 속인 방법

열어 주었어요. 집에 들어온 늑대는 아기 염소들을 잡아먹기 시작했어요. 막내

염소는 달리기가 빨라서 도망갔어요. 그리고 엄마에게 소식을 전했지요.
　　　막내 염소가 늑대에게 잡아먹히지 않은 까닭

→ 아기 염소들은 엄마 염소처럼 분장한 늑대에게 문을 열어 주었어요. 집에 들어온 늑대는 아기 염소들을 잡아먹었고, 막내 염소는 달리기가 빨라서 도망갔어요.

3

엄마 염소는 자고 있는 늑대를 찾았어요. 그리고 늑대의 배를 갈라 아기 염소들을

꺼내고, 대신에 돌을 넣어 무게를 늘렸어요. 잠에서 깬 늑대가 물을 마시러
　　　엄마 염소의 지혜 - 아기 염소들 대신에 돌을 넣어 무게를 늘림.

우물로 가서 몸을 굽혔어요. 그 순간 돌의 무게 때문에 늑대는 우물에 빠졌어요.
　　　　　　　　　　　　　　　　　　　　몸을 우물로 굽혔다가 물에 빠짐.

→ 엄마 염소는 늑대를 찾아 아기 염소들을 구하고, 늑대의 배 속에 돌을 넣었어요. 물을 마시러 우물로 간 늑대는 우물에 몸을 굽혔다가, 돌의 무게 때문에 우물에 빠졌어요.

7

오늘 아이의 학습을
평가해 보세요.

공부한 서술어를 잘 이해했나요?

부족함   보통   잘함

글의 내용을 잘 이해했나요?

부족함   보통   잘함

본문 33쪽

이야기를 이해해요

01
   2   늑대가 자기 발을 엄마 염소처럼 분장했어요.

   3   엄마 염소가 늑대의 배를 갈라 아기 염소들을 꺼냈어요.

   1   첫째 염소가 늑대의 발을 보고 엄마 염소가 아닌 것을 알았어요.

02

03 ①

01 첫째 염소는 늑대의 발을 보고 엄마 염소가 아닌 것을 알았어요. 그러자 늑대는 자기 발을 엄마 염소처럼 분장했어요. 집 안에 들어온 늑대는 아기 염소들을 잡아먹었고, 엄마 염소는 늑대를 찾아 늑대의 배 속에 있는 아기 염소들을 꺼냈어요.

02 엄마 염소는 발목이 하얗고 가늘어요.

지도 TIP ☞ '굵다'와 '가늘다'를 활용해 나머지 발목의 모습도 표현해 보도록 지도해요.

03 ❷ 막내 염소는 달리기가 빨라서 늑대에게 잡히지 않았어요. ❸ 엄마 염소는 늑대의 배 속에 돌을 넣어서 무게를 늘렸어요. 무게를 적게 나가게 했다는 것은 무게를 줄였다는 것이에요.

낱말의 첫 자음자를 보고, 빈칸에 들어갈 알맞은 낱말을 쓰세요.

발목이 ㄱ 굵 다 .

달리기가 ㅃ 빠 ㄹ 르 다 .

쉽다 ↔ 어렵다

서술어를 익혀요

본문 37쪽

재미있게 연습하기

괄호 안에 들어갈 알맞은 낱말이 적힌 열쇠의 번호를 쓰세요.

공부를 열심히 해서 문제가 (**1**).

모르는 낱말이 많아서 책의 내용이 (**2**).

지도가 자세하지 않아서 길을 찾기가 (**2**).

연습을 많이 해서 자전거 타기가 (**1**).

1 쉬워요

2 어려워요

괄호 앞에 있는 내용을 보면 괄호 안에 들어갈 낱말을 알 수 있어요. '공부를 열심히 해서 문제가 쉬워요.', '모르는 낱말이 많아서 책의 내용이 어려워요.', '지도가 자세하지 않아서 길을 찾기가 어려워요.', '연습을 많이 해서 자전거 타기가 쉬워요.'가 알맞아요.

지도 TIP 👉 제시된 문장을 보고 '쉽다'와 '어렵다'가 쓰이는 상황을 이해할 수 있도록 지도해요.

교과서를 이해해요

본문 38~39쪽

01 쉬워요 / 어려워요

02 친구가 자기만 알고 있는 낱말을 사용해 말하면 어떨까요?

친구의 말을 이해하기 쉬워요. / 친구의 말을 이해하기 어려워요.

03 **1** (쉬워요, 어려워요)

2 (쉬워요, 어려워요)

3 (쉬워요, 어려워요)

01 밑줄 그은 '까다롭거나 힘들지 않아요'와 바꾸어 쓸 수 있는 낱말은 '쉬워요'예요. '어렵다'는 무엇을 하는 데 까다롭고 힘들다는 뜻이에요.

02 말을 할 때 자기만 알고 있는 낱말을 사용하면 듣는 사람이 이해하기 힘들어요.

03 도서관에서 도서 번호를 확인하면 책을 찾기 쉽고, 영화관에서 좌석 안내도를 확인하면 자리를 찾기 쉬워요. 무대에서 무거운 소품은 혼자 들기 어려워요. 그래서 무거운 소품이나 물건은 친구들과 함께 들어야 해요.

지도 TIP 👉 문장의 내용을 이해하고 문장에 알맞은 낱말을 찾을 수 있도록 지도해요.

주다 ↔ 받다

서술어를 익혀요

본문 41쪽

재미있게 연습하기

사다리를 타고 내려가 만나는 낱말을 빈칸에 쓰고,
완성된 문장을 읽어 보세요.

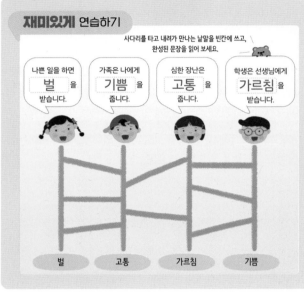

나쁜 일을 하면 **벌** 을 받습니다.

가족은 나에게 **기쁨** 을 줍니다.

심한 장난은 **고통** 을 줍니다.

학생은 선생님에게 **가르침** 을 받습니다.

벌   고통   가르침   기쁨

사다리를 타고 내려가 만나는 낱말을 빈칸에 쓰면 문장이 완성돼요. 문장을 완성하면 '나쁜 일을 하면 벌을 받습니다.', '가족은 나에게 기쁨을 줍니다.', '심한 장난은 고통을 줍니다.', '학생은 선생님에게 가르침을 받습니다.'예요.

지도 TIP ☞ 빈칸에 다른 낱말을 넣어 '가족은 나에게 사랑을 줍니다.', '심한 장난은 상처를 줍니다.' 등의 문장을 만들어 보도록 지도해요.

교과서를 이해해요

본문 42~43쪽

01

① 받았다

② 속상했다

02

① 받았어요 / **주었어요**

② **받아** / 주어

03
- 욕설이나 나쁜 말을 적은 댓글은 다른 사람에게 상처를 (줍니다)
- 그림 문자를 잘못 사용하면 상대방에게 오해를 받을 수 있습니다.
- 개인 정보나 사진을 마음대로 공개하면 사람들에게 고통을 (줍니다)

01 제시된 문장은 친구가 나를 싫어하는 별명으로 불러 마음에 상처를 받아, 하루 종일 속상했다는 내용이에요. '기쁘다'는 흐뭇하고 흡족한 마음을 표현할 때 쓰는 낱말이에요.

02 제시된 문장은 친구가 나에게 도움을 주었고, 나는 친구에게 감동을 받았다는 내용이에요.

지도 TIP ☞ 어떤 일이나 감정을 느끼거나 당하는 대상에 따라 '주다'와 '받다'를 구분해서 써야 한다는 점을 알려 주세요.

03 다른 사람에게 어떤 일을 겪게 하거나 감정을 느끼게 한다는 뜻에 알맞은 낱말은 '주다'예요. '받다'는 다른 사람이 하는 행동이나 감정을 당한다는 뜻이에요.

채우다 ↔ 비우다

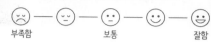
서술어를 익혀요

본문 45쪽

재미있게 연습하기

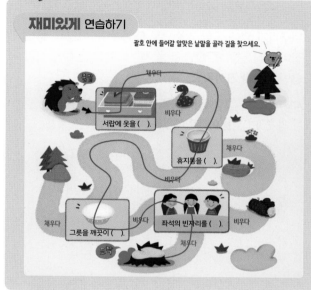

괄호 안에 들어갈 알맞은 낱말을 골라 길을 찾으세요.

채우다 / 비우다

서랍에 옷을 ( ).

채우다 / 비우다

휴지통을 ( ).

채우다 / 비우다

그릇을 깨끗이 ( ).

채우다 / 비우다

좌석의 빈자리를 ( ).

그림을 보고 빈칸에 들어갈 알맞은 낱말을 골라요. 서랍에 옷이 가득하고, 휴지통에는 쓰레기가 들어가 있지 않아요. 그릇에는 어떤 것도 담겨 있지 않고, 좌석에는 모두 사람이 앉아 있어 빈자리가 없어요. 따라서 '서랍에 옷을 채우다.', '휴지통을 비우다.', '그릇을 깨끗이 비우다.', '좌석의 빈자리를 채우다.'가 알맞아요.

지도 TIP 👉 그림을 보며 '채우다'와 '비우다'의 뜻을 구분하여 이해할 수 있도록 지도해요.

교과서를 이해해요

본문 46~47쪽

01 ① (✏️ , 🧹)
② (채워요) 비워요)

02
☐ ① ③ ④ ⑦ ⑨
☑ ① ③ ⑤ ⑦ ⑨

03
① 채워서 | 비워서
② 채우지 | 비우지
③ 채우면 | **비우면**

01 그림은 연필과 지우개가 반복되는 규칙이에요. 규칙에 맞게 하려면 빈칸을 지우개 모양으로 채워야 해요.

02 숫자가 2씩 커지도록 하려면 빈칸을 숫자 5로 채워야 해요.

03 그림과 문장을 보고 알맞은 낱말을 골라요. ❶ 빈 통에 물을 채워서 변기 물탱크에 넣으면 물을 절약할 수 있어요. ❷ 전기를 절약하려면 냉장고를 음식으로 가득 채우지 않아요. ❸ 청소하기 전에 청소기의 먼지 통을 비우면 전기가 절약돼요.

지도 TIP 👉 문장에서 '가득'은 '채우다'와 어울리는 낱말임을 안내해요.

가깝다 ↔ 멀다

 **서술어를 익혀요**

본문 49쪽

재미있게 연습하기

그림을 보고, 괄호 안에서 알맞은 낱말을 골라 ○표를 하세요.

내가 있는 곳에서 ❶번 집은 (멀어요, **가까워요**).
내가 있는 곳에서 ❸번 집이 가장 (**멀어요**, 가까워요).
❶번 집에서 가기에는 ❷번 집이 ❸번 집보다 (멀어요, **가까워요**).

너구리가 있는 곳을 기준으로 ❶번 집은 가깝고, ❸번 집이 가장 멀어요. ❶번 집을 기준으로 보면 ❷번 집이 ❸번 집보다 가까워요.

지도 TIP ☞ 그림에서 거리를 비교해 보면서 '가깝다'와 '멀다'의 뜻과 쓰임을 이해할 수 있도록 지도해요.

교과서를 📖 이해해요

본문 50~51쪽

01 (멀면, **가까우면**)

02 ❶ [멀고] [**가깝고**]

    ❷ [**멀어요**] [가까워요]

    ❸ [공원] [**도서관**]

03

이름	점수
동현	2
서윤	1
지아	3

01 나와 친구 사이의 거리가 짧으면 부딪칠 수 있으므로, 괄호 안에서 알맞은 낱말은 '가까우면'이에요.

02 학교에서 도서관은 가깝고, 공원은 도서관보다 학교에서 멀어요. 학교와 가까운 곳에서 인형극을 공연하기로 했으므로 공연 장소는 도서관이에요.

03 노란색 원과 가장 가까이 있는 신발은 지아의 것이고, 노란색 원과 가장 멀리 있는 신발은 서윤이의 것이에요. 노란색 원과 가장 가깝지도, 가장 멀지도 않은 곳에 있는 신발은 동현이의 것이에요. 따라서 동현이는 2점, 서윤이는 1점, 지아는 3점이에요.

서술어를 익혀요

본문 53쪽

재미있게 연습하기

그림을 보고, 문장에 알맞은 낱말을 골라 색칠하세요.

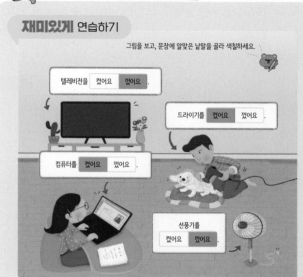

텔레비전을 [켰어요] [껐어요]

드라이기를 [켰어요] [껐어요]

컴퓨터를 [켰어요] [껐어요]

선풍기를 [켰어요] [껐어요]

그림에서 전자 제품의 상태를 보면 문장에 알맞은 낱말을 알 수 있어요. 텔레비전과 선풍기는 작동하지 않고 있어요. 드라이기와 컴퓨터는 작동하고 있어요. 따라서 '텔레비전을 껐어요.', '드라이기를 켰어요.', '컴퓨터를 켰어요.', '선풍기를 껐어요.'가 알맞아요.

지도 TIP ☞ '켜다'를 '키다'로 잘못 사용하는 경우가 많으므로 낱말을 바르게 사용할 수 있도록 지도해요.

교과서를 이해해요

본문 54~55쪽

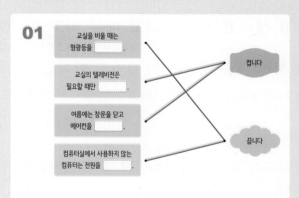

01
교실을 비울 때는 형광등을 [　]．

교실의 텔레비전은 필요할 때만 [　]．

여름에는 창문을 닫고 에어컨을 [　]．

컴퓨터실에서 사용하지 않는 컴퓨터는 전원을 [　]．

켭니다

끕니다

01 빈칸 앞에 제시된 내용으로 문장에 알맞은 낱말을 알 수 있어요. 교실을 비울 때는 형광등을 끄고, 사용하지 않는 컴퓨터는 전원을 꺼요. 텔레비전은 필요할 때만 켜고, 에어컨은 창문을 닫고 켜야 해요.

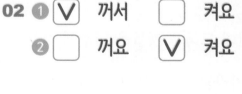

02 ❶ [V] 꺼서   [　] 켜요

    ❷ [　] 꺼요   [V] 켜요

02 방을 어둡게 하려면 형광등이 작동하지 않아야 하므로 형광등을 꺼요. 너무 어두우면 은은한 색의 조명이 작동해야 하므로 조명을 켜요.

03

끄고   켜고

03 전기 제품의 플러그를 뽑을 때는 전기 제품이 작동하지 않아야 하고, 외출할 때는 열을 내는 전기 제품이 작동하지 않게 해야 해요. 따라서 빈칸에 똑같이 들어갈 수 있는 낱말은 '끄고'예요.

독해 Point 나쁜 일을 하고 욕심을 부리면 벌을 받는다는 내용의 글이에요. 글을 읽으며 도둑이 요술 맷돌을 어떻게 사용했는지 파악하고, 공부한 낱말의 쓰임을 이해할 수 있도록 해요.

본문 56쪽

①

옛날에 무엇이든 만들 수 있는 요술 맷돌을 가진 임금님이 살았어요. 임금님은
　　　　　　요술 맷돌의 특징

요술 맷돌로 만든 물건들로 어려운 사람들에게 도움을 주었어요.
　　　　　　　　　임금님이 요술 맷돌을 사용한 목적 – 어려운 사람들을 도움.

➡ 임금님은 무엇이든 만들 수 있는 요술 맷돌로 어려운 사람들에게 도움을 주었어요.

②

어느 날, 도둑이 요술 맷돌을 훔쳤어요. 도둑은 '궁궐과 가까우면 위험하니
　　　　　등장인물　　　도둑이 한 일 – 이야기의 중심 사건

궁궐에서 먼 바다로 도망가자.'라고 생각했어요. 그리고 배를 타고 바다로
　　　　　　　　　　　　　　　　　　　　　궁궐에서 멀어지려고 도둑이 선택한 방법

나갔어요. 배가 육지와 멀어지자, 도둑은 요술 맷돌을 써 보기로 했어요.

➡ 도둑은 요술 맷돌을 훔쳐 궁궐에서 멀리 떨어진 바다로 도망갔고, 배가 육지와 멀어지자 요술 맷돌을 써 보기로 했어요.

③

도둑은 "금덩이는 무거워서 들고 다니기가 어려워. 금덩이만큼 귀중하면서 가벼운
　　　　　　金덩이의 특징　　　　　　　　　　　　　　　　소금의 특징

소금을 만들래. 이 배를 소금으로 가득 채워야지."라고 말했어요. 그러자 요술
　　　　도둑이 요술 맷돌을 사용한 목적 – 귀중한 소금을 가지려는 욕심

맷돌이 소금을 만들기 시작했어요. 그런데 도둑은 맷돌을 멈추게 하는 방법을
　　　　　　　　　　　　　　　　　　　　　요술 맷돌이 멈추지 않고 계속 소금을 만듦.

몰랐어요. 결국 소금으로 가득 찬 배가 가라앉았고, 도둑은 벌을 받았어요.

➡ 도둑은 요술 맷돌로 소금을 만들었지만, 맷돌을 멈추게 하는 방법을 몰랐어요. 결국 배에 소금이 가득 차서 배가 가라앉았어요.

오늘 아이의 학습을
평가해 보세요.

공부한 서술어를 잘 이해했나요?

😞 — 😕 — 😐 — 🙂 — 😄
부족함   보통   잘함

글의 내용을 잘 이해했나요?

😞 — 😕 — 😐 — 🙂 — 😄
부족함   보통   잘함

이야기를 이해해요

본문 57쪽

01

궁궐   금덩이   소금
도둑   요술 맷돌

02
❶ 받았어요 **주었어요**
❷ **멀었어요** 가까웠어요
❸ 비웠어요 **채웠어요**

03 ❸

01 이 글은 도둑이 요술 맷돌을 훔쳐 바다로 나가 소금을 만든 이야기예요. 따라서 이 글의 중심 낱말은 '도둑', '요술 맷돌', '소금'이에요.

02 ❶ 임금님은 요술 맷돌로 물건을 만들어 어려운 사람들에게 도움을 주었어요. ❷ 도둑은 궁궐과 가까우면 위험하다고 생각해 궁궐에서 먼 바다로 도망갔어요. ❸ 도둑은 요술 맷돌을 사용해 배를 소금으로 가득 채웠어요.

03 도둑은 금덩이는 무거워서 들고 다니기 어렵다고 생각했어요. 그래서 금덩이만큼 귀중하지만 가벼워서 들고 다니기 쉬운 소금을 만들었어요.

낱말의 첫 자음자를 보고, 빈칸에 들어갈 알맞은 낱말을 쓰세요.

배를 소금으로 | ㅊ 채 | 우 | 다 |

육지에서 | ㅁ 멀 | 다 |

가지다

서술어를 익혀요

본문 61쪽

재미있게 연습하기

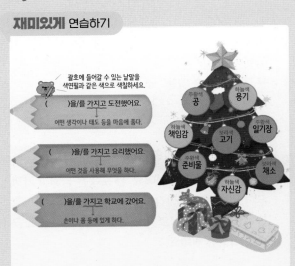

괄호에 들어갈 수 있는 낱말을 색연필과 같은 색으로 색칠하세요.

( )을/를 가지고 도전했어요.
어떤 생각이나 태도 등을 마음에 품다.

( )을/를 가지고 요리했어요.
어떤 것을 사용해 무엇을 하다.

( )을/를 가지고 학교에 갔어요.
손이나 몸 등에 있게 하다.

주황색 공 / 하늘색 용기 / 하늘색 책임감 / 보라색 고기 / 주황색 일기장 / 주황색 준비물 / 넌라색 채소 / 하늘색 자신감

'가지다'가 어떤 생각이나 태도 등을 마음에 품는다는 뜻으로 쓰인 문장에는 '용기', '책임감', '자신감'이 어울려요. 어떤 것을 사용해 무엇을 한다는 뜻으로 쓰인 문장에는 '고기'와 '채소'가 어울리고, 손이나 몸 등에 있게 한다는 뜻으로 쓰인 문장에는 '공', '일기장', '준비물'이 어울려요.

지도 TIP 👉 문장의 내용을 파악하고 괄호 안에 들어갈 수 있는 낱말을 찾을 수 있도록 지도해요. 이때, '가지다'의 다양한 뜻을 이해하고 뜻에 어울리는 낱말을 넣어 문장을 만들어 보는 연습을 할 수도 있어요.

교과서를 이해해요

본문 63쪽

01
☐ 자를 <u>가지고</u> 길이를 재요.
☐ 블록을 <u>가지고</u> 도형을 만들어요.
☑ 짝꿍과 수 카드를 5장씩 나누어 <u>가져요</u>.

02
잡고 / **가지고**

03
발표할 때 용기를 <u>가져요</u>.
구슬을 1개씩 <u>가져요</u>. / 새로운 일에 호기심을 <u>가져요</u>.

01 '자를 가지고 길이를 재요.'와 '블록을 가지고 도형을 만들어요.'에서 '가지다'는 어떤 것을 사용해 무엇을 한다는 뜻이에요. '짝꿍과 수 카드를 5장씩 나누어 가져요.'에서 '가지다'는 손이나 몸 등에 있게 한다는 뜻이에요.

02 첫 번째 빈칸에 들어갈 '가지다'는 어떤 것을 사용해 무엇을 한다는 뜻이고, 두 번째 빈칸에 들어갈 '가지다'는 어떤 생각이나 태도 등을 마음에 품는다는 뜻이에요.

03 '발표할 때 용기를 가져요.'와 '새로운 일에 호기심을 가져요.'에서 '가지다'는 어떤 생각이나 태도 등을 마음에 품는다는 뜻이에요. '구슬을 1개씩 가져요.'에서 '가지다'는 손이나 몸 등에 있게 한다는 뜻이에요.

묶다

서술어를 익혀요

본문 65쪽

재미있게 연습하기

밑줄 그은 낱말의 뜻으로 알맞은 것을 선으로 이으세요.

풍선의 끝을
묶어요.

밧줄의 한쪽 끝을
묶어요.

뜻이 비슷한
낱말끼리 묶어요.

끈, 줄 등을
매듭으로 만들다.

여럿을 한군데로
모으거나 합하다.

'풍선의 끝을 묶어요.'와 '밧줄의 한쪽 끝을 묶어요.'에서 '묶다'는 끈, 줄 등을 매듭으로 만든다는 뜻이에요. '뜻이 비슷한 낱말끼리 묶어요.'에서 '묶다'는 여럿을 한군데로 모으거나 합한다는 뜻이에요.

지도 TIP ☞ '묶다'의 뜻을 구분하여 문장의 내용을 이해할 수 있도록 지도해요.

교과서를 이해해요

본문 67쪽

01

무가 모두 몇 개인지 확인하려고 해요. 먼저 무를 10개씩 **묶고**, 한 묶음씩 끈으로 잡아 매요. 이때 끈이 풀어지지 않게 잘 **묶어야** 해요. 다음으로 묶음이 모두 몇 개인지 세요.

01 '끈이 풀어지지 않게 잘 묶어야 해요.'에서 '묶다'는 끈, 줄 등을 매듭으로 만든다는 뜻이에요.

02 [V] 묶어   [ ] 풀어

02 그림에서 두 줄로 매듭을 만들었으므로 문장에 알맞은 낱말은 '묶어'예요. '풀다'는 묶이거나 감기거나 얽히거나 합쳐진 것 등을 그렇지 않은 상태로 되게 한다는 뜻이에요.

03

[ ] 남은 털실을 묶어서 보관해요.

[ ] 리본을 묶어서 고리를 만들어요.

[V] 여행은 우리 가족을 하나로 묶어 주었어요.

03 '남은 털실을 묶어서 보관해요.'와 '리본을 묶어서 고리를 만들어요.'에서 '묶다'는 끈, 줄 등을 매듭으로 만든다는 뜻이에요. '여행은 우리 가족을 하나로 묶어 주었어요.'에서 '묶다'는 여럿을 한군데로 모으거나 합한다는 뜻이에요.

열다

서술어를 익혀요

본문 69쪽

재미있게 연습하기

밑줄 그은 낱말의 뜻을 말한 동물을 찾아
그 동물이 들고 있는 모양으로 표시해 보세요.

모임이나 회의 등을 시작하다.

닫히거나 잠긴 것을 트거나 벗기다.

자기 마음을 다른 사람에게 터놓거나 다른 사람의 마음을 받아들이다.

창문을 열어요.

가족회의를 열어요.

친구에게 마음을 열어요.

전시회를 열어요.

자물쇠를 열어요.

'창문을 열어요.'와 '자물쇠를 열어요.'에서 '열다'는 닫히거나 잠긴 것을 트거나 벗긴다는 뜻이에요. '가족회의를 열어요.'와 '전시회를 열어요.'에서 '열다'는 모임이나 회의 등을 시작한다는 뜻이고, '친구에게 마음을 열어요.'에서 '열다'는 자기 마음을 다른 사람에게 터놓거나 다른 사람의 마음을 받아들인다는 뜻이에요.

지도 TIP ☞ 예문을 읽어보며 '열다'의 다양한 뜻을 이해할 수 있도록 지도해요.

교과서를 이해해요

본문 70~71쪽

01

| 열 | 어 | 요 |

01 '열어요'는 [여러요]로 소리가 나기 때문에 올바른 모양으로 써야 해요.

02

가서   열어   주어

02 첫 번째 빈칸에 들어갈 '열다'는 모임이나 회의 등을 시작한다는 뜻이에요. 두 번째 빈칸에 들어갈 '열다'는 자기 마음을 다른 사람에게 터놓거나 다른 사람의 마음을 받아들인다는 뜻이에요.

03

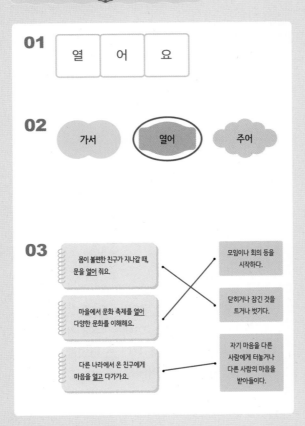

몸이 불편한 친구가 지나갈 때, 문을 열어 줘요.

마을에서 문화 축제를 열어 다양한 문화를 이해해요.

다른 나라에서 온 친구에게 마음을 열고 다가가요.

모임이나 회의 등을 시작하다.

닫히거나 잠긴 것을 트거나 벗기다.

자기 마음을 다른 사람에게 터놓거나 다른 사람의 마음을 받아들이다.

03 '문을 열어 주다.'에서 '열다'는 닫히거나 잠긴 것을 트거나 벗긴다는 뜻이고, '축제를 열다.'에서 '열다'는 모임이나 회의 등을 시작한다는 뜻이에요. '마음을 열다.'에서 '열다'는 자기 마음을 다른 사람에게 터놓거나 다른 사람의 마음을 받아들인다는 뜻이에요.

지키다

 **서술어를 익혀요**

본문 73쪽

재미있게 연습하기

괄호 안에 들어갈 알맞은 낱말이 적힌 모자와 웃의 번호를 쓰세요.

( )을/를 지키다.
재산, 이익, 안전 등을 보호하다.

( )을/를 지키다.
규정, 약속, 법 등을 어기지 않고 그대로 하다.

2 자연
1 예절
4 나라
3 시간
6 규칙
5 집

'지키다'가 재산, 이익, 안전 등을 보호한다는 뜻으로 쓰일 때는 '자연', '나라', '집' 등의 낱말과 어울려요. '지키다'가 규정, 약속, 법 등을 어기지 않고 그대로 한다는 뜻으로 쓰일 때는 '예절', '시간', '규칙' 등의 낱말과 어울려요.

지도 TIP ☞ '지키다'의 뜻에 따라 어울리는 낱말이 다르다는 것을 이해할 수 있도록 지도해요.

교과서를 이해해요

본문 74~75쪽

01

☑ 경찰관은 우리 마을을 <u>지켜요</u>.

☐ 길을 건널 때 신호등의 신호를 <u>지켜요</u>.

☐ 의견을 말할 때는 말하는 순서를 <u>지켜요</u>.

02

영화 시작 시각을 지켜서 미리 좌석에 앉아요.

영화가 끝나고 나갈 때 질서를 <u>지켜요</u>.

안전 요원은 영화 관람객의 안전을 <u>지켜요</u>.

03

스마트폰을 안전하게 보는 거리를 **2** 지켜서 눈 건강을 **1** 지킬 거야.

소중한 내 정보를 **1** 지키려면 나의 이름, 주소, 전화번호, 사진 등을 공개하지 않아야 해.

01 '경찰관은 우리 마을을 지켜요.'에서 '지키다'는 재산, 이익, 안전 등을 보호한다는 뜻이에요. 나머지 두 문장에서 '지키다'는 규정, 약속, 법 등을 어기지 않고 그대로 한다는 뜻이에요.

02 '영화 시작 시각을 지켜서 미리 좌석에 앉아요.'와 '영화가 끝나고 나갈 때 질서를 지켜요.'에서 '지키다'는 규정, 약속, 법 등을 어기지 않고 그대로 한다는 뜻이에요. '안전 요원은 영화 관람객의 안전을 지켜요.'에서 '지키다'는 재산, 이익, 안전 등을 보호한다는 뜻이에요.

03 '스마트폰을 안전하게 보는 거리를 지키다.'에서 '지키다'는 규정, 약속, 법 등을 어기지 않고 그대로 한다는 뜻이에요. '눈 건강을 지키다.'와 '내 정보를 지키다.'에서 '지키다'는 재산, 이익, 안전 등을 보호한다는 뜻이에요.

쌓다

서술어를 익혀요

본문 77쪽

재미있게 연습하기

밑줄 그은 낱말의 뜻이 같은 것끼리 짝 지어 번호를 쓰세요.

❶ 책상에 책을 쌓았어요.

❷ 책을 읽고 지식을 쌓았어요.

❸ 캠핑장에 장작을 쌓았어요.

❹ 여행을 가서 경험을 쌓았어요.

① ─ ③

② ─ ④

'책상에 책을 쌓았어요.'와 '캠핑장에 장작을 쌓았어요.'에서 '쌓다'는 여러 개의 물건을 겹겹이 포개어 얹어 놓는다는 뜻이에요. '책을 읽고 지식을 쌓았어요.'와 '여행을 가서 경험을 쌓았어요.'에서 '쌓다'는 경험, 기술, 업적, 지식 등을 거듭 익혀서 많이 이룬다는 뜻이에요.

지도 TIP 👉 '쌓다'의 뜻을 이해하고 문장에서 '쌓다'가 어떤 뜻으로 쓰였는지 구분할 수 있도록 지도해요.

교과서를 이해해요

본문 78~79쪽

01

처음에는 컵을 잘 쌓지 못했어요.
여러 번 연습해서 경험을 쌓으니
이제는 컵을 높이 쌓을 수 있어요.

02

쌓	아	요

03

나는 체험 학습하는 날이 가장 좋아.
새로운 체험을 하며 다양한 경험을 쌓을 수 있어. ☑

나는 등산가는 날이 다가오면 무척 설레.
등산로를 걷다가 작은 돌멩이를 쌓으면서
소원을 빌기도 해. ☐

나는 가족과 요리하는 날이 기다려져.
지난주에는 내가 좋아하는 재료들을
층층이 쌓아서 햄버거를 만들었어. ☐

01 첫 번째와 세 번째의 '쌓다'는 여러 개의 물건을 겹겹이 포개어 얹어 놓는다는 뜻이에요. 두 번째의 '쌓다'는 경험, 기술, 업적, 지식 등을 거듭 익혀서 많이 이룬다는 뜻이에요.

02 '쌓다'는 여러 개의 물건을 겹겹이 포개어 얹어 놓는다는 뜻이 있어요. 따라서 밑줄 그은 '겹겹이 포개어 얹었어요'와 바꾸어 쓸 수 있는 낱말은 '쌓아요'예요.

03 '경험을 쌓을 수 있어.'에서 '쌓다'는 경험, 기술, 업적, 지식 등을 거듭 익혀서 많이 이룬다는 뜻이에요. '돌멩이를 쌓으면서 소원을 빌기도 해.'와 '재료들을 층층이 쌓아서 햄버거를 만들었어.'에서 '쌓다'는 여러 개의 물건을 겹겹이 포개어 얹어 놓는다는 뜻이에요.

독해 Point 　자신이 한 약속을 지켜야 한다는 교훈과 어떤 상황에서도 현명하게 판단해야 한다는 교훈을 주는 글이에요. 황소, 나무, 토끼가 어떤 판단을 했는지 살펴보며 글을 읽어 보세요. 그리고 공부한 낱말을 찾아 그 쓰임을 알아보세요.

본문 80쪽

❶

　한 나그네가 숲속을 지나가다 구덩이에 빠진 호랑이를 발견했어요. 나그네는 밧줄을 묶어 매듭을 만들어서 호랑이를 구해 주었지요. 호랑이는 자기를 도와
　　　　　　　나그네가 한 일 – 사건의 발단

주면 잡아먹지 않겠다고 약속했지만, 구덩이에서 나오자 나그네를 해치려고
　　　　　　　　　　　　　　　　　　　호랑이가 약속을 어김.

했어요. 호랑이가 약속을 지키지 않자, 나그네는 숲속 회의를 열었어요.

→ 한 나그네가 구덩이에 빠진 호랑이를 구해 주었지만 호랑이가 약속을 어기자, 나그네는 숲속 회의를 열었어요.

❷

　황소가 말했어요. "사람들은 나에게 하루 종일 일만 시키니, 사람들과의 약속은
　　　　　　　황소의 판단 – 자기에게 일만 시키는 사람들과의 약속은 지키지 않아도 된다고 여김.

지키지 않아도 돼." 이어서 나무가 말했어요. "맞아. 사람들은 나를 가지고 집을

짓고, 나를 쌓아서 다리를 만들면서 고마워하지 않아."
　　　나무의 판단 – 사람들은 자기를 이용만 한다고 생각해서 황소의 판단에 동의함.

→ 황소와 나무는 사람들과의 약속을 지키지 않아도 된다고 말했어요.

❸

　그때, 토끼가 말했어요. "잠깐, 호랑이는 어디에 있었다고?" 토끼의 말을
　　　　　　　　　　호랑이를 구덩이에 들어가게 하려는 토끼의 지혜

들은 호랑이는 다시 구덩이로 들어갔어요. 그제야 토끼가 말했어요. "호랑이는

약속을 어기고 은혜도 모르니 원래대로 구덩이에 있으렴."
　　　　토끼의 판단 – 호랑이는 약속을 어기고 은혜도 모르니 벌을 받아야 함.

→ 토끼는 호랑이를 원래 있던 구덩이로 들어가게 했어요.

오늘 아이의 학습을
평가해 보세요.

공부한 서술어를 잘 이해했나요?
부족함 보통 잘함

글의 내용을 잘 이해했나요?
부족함 보통 잘함

이야기를 이해해요

본문 81쪽

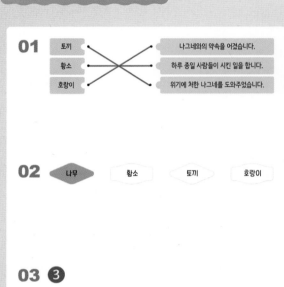

01
토끼	→	나그네와의 약속을 어겼습니다.
황소	→	하루 종일 사람들이 시킨 일을 합니다.
호랑이	→	위기에 처한 나그네를 도와주었습니다.

02 나무   황소   토끼   호랑이

03 ③

01 토끼는 위기에 처한 나그네를 도와주었어요. 황소는 하루 종일 사람들이 시킨 일을 했어요. 호랑이는 자기를 구해 준 나그네와의 약속을 지키지 않고 나그네를 해치려고 했어요.

02 사람들은 나무를 가지고 집을 만들고, 나무를 쌓아서 다리를 만들었어요.

03 호랑이는 토끼의 질문을 듣고 구덩이로 다시 들어갔어요. 토끼는 약속을 어기고 은혜를 모르는 호랑이에게 원래대로 구덩이에 들어가는 벌을 주려고 한 것이에요.

낱말의 첫 자음자를 보고, 빈칸에 들어갈 알맞은 낱말을 쓰세요.

약속을 ㅈ[지][키][지] 않다.

회의를 ㅇ[열][다]

표현하다

서술어를 익혀요

본문 85쪽

재미있게 연습하기

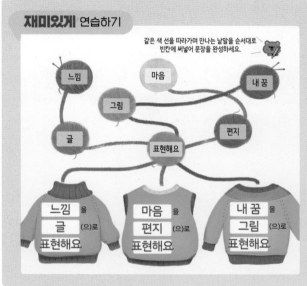

같은 색 선을 따라가며 만나는 낱말을 순서대로 빈칸에 써넣어 문장을 완성하세요.

같은 색의 선을 따라가며 만나는 낱말을 차례대로 쓰면 문장을 완성할 수 있어요. 문장을 완성하면 '느낌을 글로 표현해요.', '마음을 편지로 표현해요.', '내 꿈을 그림으로 표현해요.'예요.

지도 TIP 👉 예문을 활용해 나만의 문장을 만들어 볼 수 있도록 지도해요.

교과서를 이해해요

본문 87쪽

01 ☐ 적어 ☑ 표현해

02 (글, 그림, 몸짓)
(말했어요, 표현했어요)

03 기억해 나타내 생각해

01 첫 번째 문장은 자신의 기분을 말로 나타낸다는 뜻이고, 두 번째 문장은 흉내 내는 말을 몸으로 나타낸다는 뜻이에요. 따라서 빈칸에 똑같이 들어갈 수 있는 낱말은 '표현해'예요. '적다'는 어떤 내용을 글로 쓴다는 뜻이에요.

02 제시된 그림에서는 △ 모양을 몸짓(손가락)으로 표현했어요.

03 '표현하다'는 생각이나 느낌 등을 여러 방법으로 나타낸다는 뜻이므로, '나타내다'와 바꾸어 쓸 수 있어요.

지도 TIP 👉 '표현하다'는 '나타내다'와 뜻이 비슷해요. 두 낱말 모두 눈에 보이지 않는 것을 드러내어 알아볼 수 있게 한다는 뜻으로 쓰인다는 점을 안내해요.

23

소개하다

본문 89쪽

재미있게 연습하기

낱말 카드를 활용해 말풍선의 문장을 완성하세요.

엄마 께 내가 읽은 **책** 을/를 소개해요.

책   엄마

아빠 께 새로 생긴 **음식점** 을/를 소개해요.

아빠   음식점

선생님 께 내가 기르는 **식물** 을 소개해요.

식물   선생님

그림에 알맞은 문장을 만들면 '엄마께 내가 읽은 책을 소개해요.', '아빠께 새로 생긴 음식점을 소개해요.', '선생님께 내가 기르는 식물을 소개해요.'가 알맞아요.

지도 TIP ☞ 문장을 완성한 다음에 문장에서 '소개하다'가 어떤 의미로 쓰였는지 이해할 수 있도록 지도해요.

본문 91쪽

교과서를 이해해요

01

소	개	해	요

01 글자를 순서에 맞게 써넣어 문장을 완성하면 '가장 재미있게 읽은 책을 소개해요.'가 돼요.

02

생각이나 느낌을 말이나 글, 몸짓 등으로 나타내다.

잘 알려지지 않았거나 모르는 내용을 잘 알도록 설명하다.

02 제시된 문장은 뺄셈으로 답을 구한 방법을 잘 알 수 있도록 설명해 보라는 뜻이에요.

03

[V] 잠을 자는 방을 어둡게 해요.

[ ] 깊은 잠을 자면 피곤하지 않아요.

[V] 늦게까지 스마트폰을 사용하지 않아요.

03 두 번째 대답인 '깊은 잠을 자면 피곤하지 않아요.'는 깊은 잠을 자면 좋은 점에 대한 내용이에요.

지도 TIP ☞ 소개하는 활동을 할 때에는 소개해야 하는 것이 무엇인지 확인하고, 이에 맞게 말해야 한다는 점을 안내해요.

서술어를 익혀요

본문 93쪽

재미있게 연습하기

낱말을 순서에 맞게 써넣어 문장을 완성하세요.

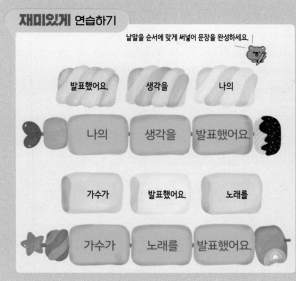

| 발표했어요. | 생각을 | 나의 |

| 나의 | 생각을 | 발표했어요. |

| 가수가 | 발표했어요. | 노래를 |

| 가수가 | 노래를 | 발표했어요. |

낱말을 순서에 맞게 쓰면 '나의 생각을 발표했어요.'와 '가수가 노래를 발표했어요.'예요.

지도TIP ☞ 문장을 만들면서 '발표하다' 앞에 발표할 내용이 나온다는 점을 이해할 수 있도록 지도해요.

교과서를 이해해요

본문 94~95쪽

01 발표

02 ☐ ▆, ▲, ● 모양으로 어떤 모양을 꾸밀지 생각해요.

☑ ▆, ▲, ● 모양으로 어떤 모양을 꾸몄는지 알려 줘요.

03

☑ 제가 가장 좋아하는 이야기책은 『개미와 베짱이』입니다. 이 이야기에는 개미와 베짱이가 나오는데, 베짱이가 일을 하지 않고 게으름 피우는 장면이 가장 재미있었습니다.

☐ 저는 부지런한 개미와 게으른 베짱이가 주인공인 『개미와 베짱이』를 가장 좋아합니다. 이 이야기를 읽으며 개미처럼 앞으로 일어날 일을 미리 준비해야 한다는 점을 배웠습니다.

01 어떤 사실이나 결과, 작품을 드러내어 알린다는 뜻을 가진 낱말은 '발표하다'예요.

02 제시된 문장은 자기가 꾸민 여러 가지 모양을 드러내어 알려 보라는 뜻이에요. 따라서 ▢, △, ○ 모양으로 어떤 모양을 꾸몄는지 알려 주는 행동이 알맞아요.

03 발표할 때는 발표해야 할 내용을 확인해야 해요. 제시된 활동 내용에서 이야기책의 제목, 등장인물, 가장 재미있었던 장면을 정리해 발표하라고 했어요. 이 내용이 모두 들어간 발표는 첫 번째 발표예요. 두 번째 발표에는 가장 재미있었던 장면 대신에 배울 점에 대한 내용이 있어요.

지도TIP ☞ 발표하는 활동을 할 때는 먼저 발표할 내용이 무엇인지 정확하게 확인해야 한다는 점을 안내해요.

완성하다

 **서술어를 익혀요**

본문 97쪽

재미있게 연습하기

그림에 알맞은 문장이 되도록 길을 찾고,
완성된 문장을 읽어 보세요.

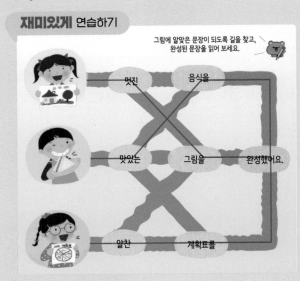

첫 번째 그림에 알맞은 문장은 '멋진 그림을 완성했어요.'이고, 두 번째 그림에 알맞은 문장은 '맛있는 음식을 완성했어요.'예요. 세 번째 그림에 알맞은 문장은 '알찬 계획표를 완성했어요.'예요.

지도 TIP 👉 문장에서 '그림', '음식', '계획표' 앞에는 각 낱말을 꾸며 주는 표현이 나왔어요. 문장을 보고 각 낱말과 어울리는 표현을 찾을 수 있도록 지도해요.

본문 98~99쪽

교과서를 이해해요

01 완성해요   표현해요

02 뺄셈식을 완성하려면, 빈칸에 2를 넣어야 합니다.   뺄셈식을 완성하려면, 빈칸에 3을 넣어야 합니다.

03 ❶ 무대   인형
계획했어요   완성했어요
❷ 그림   대본
생각했어요   완성했어요

01 밑줄 그은 '완전히 이루어지게 해요'와 바꾸어 쓸 수 있는 낱말은 '완성해요'예요. '표현하다'는 생각이나 느낌을 말이나 글, 몸짓으로 나타낸다는 뜻이에요.

02 제시된 뺄셈식을 완성하려면, 8에서 2를 빼야 6이 돼요. 뺄셈식을 완성하면 '8 - 2 = 6'이에요.

03 그림에 맞게 문장을 만들면 '등장인물의 특징을 살려서 인형극에 나올 인형을 완성했어요.'와 '모둠 친구들과 등장인물의 대사를 정해서 대본을 완성했어요.'예요.

실천하다

서술어를 익혀요

본문 101쪽

재미있게 연습하기

길을 따라 내려가 괄호 안에 들어갈 낱말을 써넣어 문장을 완성하세요.

일

약속

계획

자연을 보호하는
(일)을 실천해요.

공부
(계획)을
실천해요.

엄마와의
(약속)을
실천해요.

길을 따라 내려가면 괄호 안에 들어갈 낱말을 알 수 있어요. 알맞은 낱말을 넣어 문장을 완성하면, '공부 계획을 실천해요.', '엄마와의 약속을 실천해요.', '자연을 보호하는 일을 실천해요.'예요.

지도 TIP ☞ 괄호 안의 낱말을 바꾸어 '자연을 보호하는 약속을 실천해요.' 등과 같이 다른 문장을 만들어 볼 수 있도록 지도해요.

교과서를 이해해요

본문 102~103쪽

01

실	천	해	요

02

(실천해요)   상상해요

03

요일	운동	실천했어요	실천하지 않았어요
월요일	자전거 타기	V	
화요일	걷기 운동하기		V
수요일	공차기	V	
목요일	배드민턴 치기		V
금요일	맨손 체조하기	V	

01 밑줄 그은 '생각한 것을 실제로 해요'와 바꾸어 쓸 수 있는 낱말은 '실천해요'예요.

02 제시된 문장들은 나무를 지키는 방법을, 자연을 보호하겠다는 다짐을, 아무것도 사지 않는 일을 실제로 한다는 뜻이므로, 빈칸에 똑같이 들어갈 낱말은 '실천해요'예요. '상상하다'는 실제로 경험하지 않은 일을 마음속으로 그려 본다는 뜻이에요.

03 '실천하다'는 생각한 것을 그대로 한다는 뜻이므로, 우석이가 요일별로 실제로 한 운동과 하지 않은 운동을 잘 살펴봐야 해요. 월요일에는 자전거 타기를 실제로 했지만, 화요일에는 운동을 하지 않았어요. 수요일에는 공차기를 했지만, 목요일에는 원래 계획한 배드민턴 치기가 아닌 줄넘기를 했어요. 금요일에는 걷기 운동과 함께 맨손 체조를 했어요.

독해 Point　자기의 본래 모습을 부끄러워하고 거짓으로 꾸미면 안 된다는 교훈을 주는 글이에요. 글을 읽으며 까마귀가 자기 깃털을 숨기려고 어떤 행동을 했는지 살펴보고, 공부한 낱말이 글에서 어떻게 쓰였는지 파악해 보세요.

본문 104쪽

❶

숲속에 사는 새들이 가장 멋진 새를 자신들의 왕으로 뽑기로 했어요. 까마귀는
　　　　　왕을 뽑기 위한 새들의 결정 – 사건의 발단

왕이 되고 싶었지만, 자기의 까만 깃털이 부끄러웠어요. 까마귀는 다른 새들이
　　　　　　　　까마귀의 생각 – 자기 깃털이 멋지지 않다고 여김.

떨어뜨린 깃털을 보고, 그것들로 장식을 만들어야겠다고 생각했어요. 그리고
　　　　　　　까마귀가 문제를 해결하려고 선택한 옳지 않은 방법

그 생각을 바로 실천했지요. 얼마 뒤 까마귀는 멋진 깃털 장식을 완성했어요.
다른 새들의 깃털로 장식을 만들어야겠다는 생각

→ 새들의 왕이 되고 싶었던 까마귀는 자기의 까만 깃털이 부끄러워 다른 새들의 깃털로 장식을 만들었어요.

❷

새들은 각자 자기 모습을 소개하고 가장 멋진 새를 뽑아 발표하기로 했어요.

까마귀는 자기 순서가 되자 깃털 장식을 마치 자기 깃털인 것처럼 자랑했어요.
　　　　　　　　　　　　다른 새들의 깃털을 모아서 만든 장식

→ 새들이 자기 모습을 소개하는 자리에서 까마귀는 깃털 장식을 자랑했어요.

❸

그때, 새들이 말했어요. "저 깃털은 내 깃털이잖아.", "까마귀가 우리의 깃털을

모아서 자기 깃털인 것처럼 표현했어." 화가 난 새들은 자신의 깃털을 뽑아 갔어요.
　　　　　　　　　　　　　　　　　　　까마귀의 깃털 장식에 대한 새들의 반응

원래 모습으로 돌아온 까마귀는 엉엉 울며 도망갔어요.
　　　　　　자기 모습을 부끄러워하는 까마귀의 행동

→ 새들은 까마귀의 깃털 장식이 자신들의 깃털로 만든 것임을 알았어요. 새들이 자기 깃털을 뽑아 가자, 까마귀는 본래의
　　모습으로 돌아왔어요.

오늘 아이의 학습을
평가해 보세요.

공부한 서술어를 잘 이해했나요?

부족함 — 보통 — 잘함

글의 내용을 잘 이해했나요?

부족함 — 보통 — 잘함

이야기를 이해해요

본문 105쪽

01 ❶ ○ ✕

❷ ○ ✕

❸ ○ ✕

02 ❶

03 ❷

01 ❷ 까마귀는 새들의 왕이 되고 싶어 깃털 장식을 만들었지만, 새들에게 들켜서 도망갔어요.

❸ 새들은 까마귀의 깃털 장식이 자신들의 깃털로 만든 것임을 알고 화를 내며 자기 깃털을 뽑아 갔어요.

02 '실천하다'는 생각한 것을 실제로 한다는 뜻이에요. 까마귀는 다른 새들이 떨어뜨린 깃털로 깃털 장식을 만들어야겠다고 생각했어요. 그리고 실제로 깃털 장식을 만들었어요.

03 이 글의 중심 내용은 자기 모습을 부끄러워하지 말고, 있는 그대로 받아들이고 아끼며 사랑해야 한다는 것이에요.

낱말의 첫 자음자를 보고, 빈칸에 들어갈 알맞은 낱말을 쓰세요.

깃털 장식을

| 완 | 성 | 하 | 다 |

자기를

| 소 | 개 | 하 | 다 |

29

본문 106~107쪽

1회

○ 맞힌 개수 / 15개

1 가늘다　　**2** 끄다　　**3** 빠르다

4 두껍다　　**5** 가깝다　　**6** 늘리다

7 ❷　　　**8** 폅니다　　**9** 줍니다

10 채웠습니다　　**11** 열어요

12 ❶-ⓒ　❷-㉠

13 ❶ 쌓다　❷ 가늘다　❸ 실천하다

14 📝예시 답안　교통안전 수칙을 지키다.

15 📝예시 답안　내 기분을 말로 표현하다.

---

1 '얇다'와 뜻이 반대인 낱말은 '두껍다'이고, '비우다'와 뜻이 반대인 낱말은 '채우다'예요.

2 '받다'와 뜻이 반대인 낱말은 '주다'이고, '펴다'와 뜻이 반대인 낱말은 '굽히다'예요.

3 '어렵다'와 뜻이 반대인 낱말은 '쉽다'이고, '줄이다'와 뜻이 반대인 낱말은 '늘리다'예요.

4 제시된 문장에서 '두껍다'는 물체의 두께가 보통 정도보다 크다는 뜻이에요.

5 제시된 문장에서 '가깝다'는 어느 한 곳에서 다른 곳까지의 거리가 짧다는 뜻이에요.

6 제시된 문장에서 '늘리다'는 개수나 분량을 원래보다 많아지게 한다는 뜻이에요.

7 ❷ 문장에서 '묶다'는 끈, 줄 등을 매듭으로 만든다는 뜻이에요. ❶, ❸ 문장에서 '묶다'는 여럿을 한군데로 모으거나 합한다는 뜻이에요.

8 어깨를 곧게 한다는 뜻이므로 '펴다'를 써야 해요. '활짝'은 '펴다'와 어울리는 낱말이에요.

9 공공장소에서 큰 소리로 말하면 사람들에게 불편한 감정을 느끼게 한다는 뜻이므로 '주다'를 써야 해요.

10 바람이 빠진 바퀴의 공간을 공기로 가득하게 했다는 뜻이므로 '채우다'를 써야 해요.

11 '노크하고 방문을 열어요.'에서 '열다'는 닫히거나 잠긴 것을 트거나 벗긴다는 뜻이고, '우리 마을을 자랑하는 축제를 열어요.'에서 '열다'는 모임이나 회의 등을 시작한다는 뜻이에요.

12 '소개하다'는 잘 알려지지 않거나 모르는 내용을 잘 알도록 설명한다는 뜻이에요. '완성하다'는 완전히 다 이룬다는 뜻이에요. 따라서 '조각을 맞춰서 모양을 완성해요.'와 '내가 재미있게 읽은 책을 친구에게 소개해요.'가 알맞아요.

13 ❶ 지식을 거듭 익혀서 많이 이룬다는 뜻이므로 '쌓다'를 써요. ❷ 손가락의 둘레가 작다는 뜻이므로 '가늘다'를 써요. ❸ 공부 계획을 실제로 한다는 뜻이므로 '실천하다'를 써요.

14

✅ 채점 기준	
😊 잘했어요	'지키다'의 뜻을 알고, 뜻이 잘 드러나도록 문장을 썼어요.
😕 다시 공부해요	'지키다'만 따라 썼어요.

15

✅ 채점 기준	
😊 잘했어요	'표현하다'의 뜻을 알고, 뜻이 잘 드러나도록 문장을 썼어요.
😕 다시 공부해요	'표현하다'만 따라 썼어요.

2회

○ 맞힌 개수 / 15개

1 어렵다　　　2 얇다　　　3 느리다

4 ❸　　　　　5 쌓았다　　6 굽혔다

7 받았다　　　8 지켜요　　9 가늘어요

10 늘려요　　11 묶어

12 ❶-㉠ ❷-㉡

13 ❶ 빠르다 ❷ 비우다 ❸ 가지다

14 [예시 답안] 새로 사귄 친구에게 마음을 열다.

15 [예시 답안] 내가 좋아하는 만화 영화를 친구에게 소개하다.

---

1 '쉽다'는 무엇을 하는 데 까다롭거나 힘들지 않다는 뜻이에요.

2 '가늘다'는 물체의 둘레가 작다는 뜻이에요.

3 '늘리다'는 개수나 분량을 원래보다 많아지게 하거나 무게를 더 나가게 한다는 뜻이에요.

4 ❶ 두 다리를 곧게 한다는 뜻이므로 '펴다'를 써야 해요. '쭉'은 곧게 펴거나 벌리는 모양을 나타내는 낱말로, '펴다'와 어울려요. ❷ 기둥의 둘레 정도를 나타내는 뜻이므로 '굵다'를 써야 해요.

5 제시된 문장에서 '쌓다'는 여러 개의 물건을 겹겹이 포개어 얹어 놓는다는 뜻이에요.

6 제시된 문장에서 '굽히다'는 한쪽으로 휘게 한다는 뜻이에요.

7 제시된 문장에서 '받다'는 다른 사람이 하는 행동이나 감정을 당한다는 뜻이에요.

8 어른에게 예의를 어기지 않고 그대로 한다는 뜻이므로 '지키다'를 써야 해요.

9 실의 둘레가 머리카락의 둘레보다 작다는 뜻이므로 '가늘다'를 써야 해요.

10 책을 넣어서 무게를 더 나가게 한다는 뜻이므로 '늘리다'를 써야 해요.

11 첫 번째 빈칸에 들어갈 '묶다'는 끈, 줄 등을 매듭으로 만든다는 뜻이에요. 두 번째 빈칸에 들어갈 '묶다'는 여럿을 한군데로 모으거나 합한다는 뜻이에요.

12 '발표하다'는 어떤 사실이나 결과, 작품을 드러내어 알린다는 뜻이에요. '표현하다'는 생각이나 느낌을 말이나 글, 몸짓 등으로 나타낸다는 뜻이에요. 따라서 '작가가 새로운 소설을 발표하다.'와 '내가 상상한 모습을 그림으로 표현하다.'가 알맞아요.

13 ❶ 문장에서 '빠르다'는 어떤 동작을 하는 데 걸리는 시간이 짧다는 뜻이에요. ❷ 문장에서 '비우다'는 일정한 곳에 사람, 물건 등을 들어 있지 않게 한다는 뜻이에요. ❸ 문장에서 '가지다'는 어떤 생각이나 태도 등을 마음에 품는다는 뜻이에요.

14

✔ 채점 기준

☺ 잘했어요	'열다'의 뜻을 알고, 뜻이 잘 드러나도록 문장을 썼어요.
☹ 다시 공부해요	'열다'만 따라 썼어요.

15

✔ 채점 기준

☺ 잘했어요	'소개하다'의 뜻을 알고, 뜻이 잘 드러나도록 문장을 썼어요.
☹ 다시 공부해요	'소개하다'만 따라 썼어요.